D0663849

PHILIPPE VANDEL

Les Pourquoi interdits aux moins de 18 ans

DU MÊME AUTEUR

Le Dico français-français, J-C Lattès, 1992 ; Livre de poche, 1993.

Pourquoi ? Le livre des pourquoi, J-C Lattès, 1993 ; Livre de poche, 1994.

Le Dico des paradoxes, Canal+ éditions, 1993 ; Livre de poche, 1994.

Pourquoi ? Encore des pourquoi, J-C Lattès, 1995 ; Livre de poche, 1996.

C'est mon avis et je le partage, Grasset, 1995 ; Livre de poche, 1996.

Cherchez l'erreur, Canal+ éditions, 1999 ; Livre de poche, 2001.

Attention les yeux, Canal+ éditions, 2001 ; Livre de poche, 2002.

C'est vraiment vrai, Plon, 2002.

Je ne suis pas de mon avis, Plon, 2004.

Oui, tiens, pourquoi ?, Oh ! Éditions, 2010 ; Livre de poche, 2012.

Tout et son contraire, Radio France éditions/Fetjaine (La Martinière), 2011.

Les Pourquoi en images, Kero, 2012.

Les Pourquoi en images, Kero, 2013.

Les Pourquoi en images, le best-of, Pocket, 2014.

Les Pourquoi en BD, Jungle/Kero, 2014.

© Kero, 2014

ISBN : 978-2-36658-122-5

Le bonheur, c'est de continuer
à désirer ce qu'on possède.
SAINT AUGUSTIN

Je ne sais pas qu'elle est la question
mais la réponse est : le sexe.
Woody ALLEN

Introduction

Pourquoi ces *Pourquoi interdits aux moins de 18 ans*?

J'avoue, le titre est un brin mensonger. Le politiquement correct a remplacé la censure. Même si ces interrogations sont destinées à toutes et à tous. Le Siècle des lumières s'interrogeait : « *Tuer quelqu'un est un crime, en parler ne l'est pas. Faire l'amour n'est pas un crime, en parler l'est. Pour quelle raison ?* » Magnifique questionnement, attribué à Montaigne, toujours sans réponse.

L'ouvrage que vous tenez entre les mains n'est pas un livre d'opinion, mais d'information, tourné vers le plaisir d'apprendre. En latin *libido sciendi* (oui, comme dans libido…). Contrairement au lave-vaisselle ou au MP3, l'homme vient au monde sans mode d'emploi. Et la femme aussi. On découvre seulement les plans de la tuyauterie. Il a fallu attendre 2007 pour que la gynécologue échographiste Odile Buisson et le chirurgien urologue Pierre Foldès effectuent la première échographie complète du clitoris.

On nous a longtemps raconté des balivernes. Que la masturbation rendait les hommes sourds, et les femmes stériles. Et même les deux à la fois. Clichés révolus ? Pas sûr. Plus récente, la thèse qui ressasse que «les femmes peuvent faire deux choses à la fois» sert surtout aux maris et aux chefs de service à les faire marner. Tout est parti de travaux de neurologues américains en 1982. Mais, en 1997, des expériences réalisées en IRM (imagerie par résonance magnétique) ont démontré que cette étude n'avait aucun fondement scientifique sérieux et que ses résultats étaient faux. Elle s'appuyait sur la dissection de vingt cerveaux féminins… noyés dans le formol. Va leur demander ensuite de faire deux choses à la fois !

Pour une fois, la science rejoint les féministes. Les historiens s'y mettent aussi. L'idée que les hommes sont naturellement plus portés sur la chose est si profondément intégrée dans notre culture qu'on peine à imaginer que les gens pensaient l'inverse par le passé. Et pourtant, durant l'essentiel de l'histoire occidentale, de la Grèce antique jusqu'au début du XIXe siècle, on supposait que c'étaient les femmes les obsédées de sexe et les adeptes de porno de leur époque. Dans la mythologie grecque, Zeus et Héra se disputent pour savoir qui des hommes ou des femmes ont le plus de plaisir au lit. Tirésias leur répond : « *Si l'on divise le plaisir sexuel en dix parties, une seule*

échoirait à l'homme, et les neuf autres à la femme. »
Plus tard, les femmes furent assimilées à des tentatrices à qui Ève avait légué son âme traîtresse.
Mais leur bon plaisir fut souvent respecté. Au
XVIe siècle, en France, une épouse qui voulait se
séparer de son mari pouvait lui intenter un «procès pour impuissance». Pour échapper à la sanction, l'époux était tenu d'honorer sa dame devant
un jury de magistrats.

Désormais, disons depuis l'ère victorienne,
les rôles sont intervertis. L'essayiste américaine
Alyssa Goldstein analyse: «*Anciennement, l'appétit sexuel prétendument supérieur des femmes avait
été vu comme un signe d'infériorité. Pour autant,
quand plus tard cette croyance a été inversée, il n'y
eut personne pour voir dans les élans sexuels des
hommes un signe d'irrationalité fondamentale qui
les rendrait inaptes aux affaires ou à la politique.
Quand on croyait que les femmes aimaient le sexe,
leur vraie place était à la maison, comme épouses
et comme mères. Et depuis qu'on croit qu'elles l'aiment moins, leur vraie place est toujours à la maison, comme épouses et comme mères.* »

Les mentalités évoluent peu à peu, mais notre
physiologie remonte à des centaines de milliers
d'années. Même si la contraception a changé la
face du monde. Reste que les rapports hommefemme recèlent d'innombrables zones d'ombre.
C'est pourquoi, en fin d'ouvrage, on trouvera des

Pourquoi volontairement *sans réponse.* Quand aucune explication ne semble convaincante. Pourquoi, par exemple, y a-t-il des grappes de filles qui trépignent en bas des hôtels des chanteurs, alors qu'il n'y a pas de grappes de garçons en bas des hôtels des chanteuses? Certes, le phénomène des fans a été attentivement étudié par les psys et les sociologues. Mais jamais sous l'angle de la différenciation entre les sexes.

Autre pourquoi sans réponse, cette interrogation de Barbra Streisand: «*Pourquoi, après avoir tout fait pendant dix ans pour que son mari perde ses vieilles habitudes, une femme se plaint-elle qu'il ne soit plus l'homme qu'elle a épousé?*» C'est une généralité? Justement. Vous lirez aussi en fin d'ouvrage un court libelle: «Du bon usage des généralités». Car il faut se méfier des descriptions trop globales. Chaque personne, chaque histoire d'amour, chaque baiser est un cas particulier.

Drauzio Varella, médecin et essayiste brésilien, fait les comptes: «*Dans le monde actuel, nous investissons cinq fois plus d'argent en médicaments pour la virilité masculine et en silicone pour les seins des femmes que pour la guérison de la maladie d'Alzheimer. Dans quelques années, nous aurons des femmes avec de gros seins, des vieux à la verge dure, mais aucun d'entre eux ne se rappellera à quoi ça sert.*»

Jusqu'à preuve du contraire…

Pourquoi faire l'amour serait-il bon pour la santé ?

Vous l'avez lu une centaine de fois dans les magazines, et vous l'avez ressenti un millier de fois (si vous n'avez rien ressenti, vous avez le droit de faire semblant): l'amour est excellent pour la santé! L'amour au sens noble du terme, sentimental, transcendantal, avec ses volutes de cha-ba-da-ba-da; mais aussi l'amour physique, chaud et humide, terre à terre, qui paradoxalement fait décoller...

Le sexe est la seule drogue légale, gratuite et sans effets secondaires. Toutes les études vont dans le même sens.

Faire l'amour trois fois par semaine vous fait paraître dix ans de moins. C'est la conclusion de David Weeks, neuropsychologue du Royal Edinburgh Hospital, qui a mené une vaste enquête auprès de 3 500 hommes et femmes européens et américains, de tous les milieux sociaux, âgés de

20 ans à 104 ans. Oui, 104 ! Ceux qui avaient une activité sexuelle épanouie paraissaient plus jeunes que leur âge, parfois jusqu'à douze ans de moins (certes, les jeunots de 20 ans n'en paraissaient pas 8). Autre booster de forme : le fait de vivre en couple, et notamment pour les hommes avec une personne plus jeune.

Voilà pour le contexte. Ensuite, il y a le geste. L'activité sexuelle favorise la sécrétion de testostérone, importante pour l'entretien de la masse musculaire. Un rapport sexuel fait perdre environ 200 calories, l'équivalent de vingt minutes de jogging.

En plus de l'effort physique, la relation amoureuse améliore la qualité du sommeil et réduit stress et anxiété, grâce à la sécrétion d'endorphine. Ce calmant naturel apaise également les douleurs et même parfois les migraines, ce qui est un comble ! Chez la femme, l'ocytocine, hormone déclenchée pendant l'amour, protégerait du cancer du sein.

Stuart Brody, psychologue à l'University of West Scotland, a consacré sa vie aux vertus de l'amour sous toutes ses formes. Et dans toutes les positions. Il a une obsession : le rapport hétérosexuel vaginal (RHV[1]). Brody a comparé l'état de forme de femmes ayant une vie sexuelle bien remplie avec celles qui s'adonnent unique-

---

1. C'est vrai qu'ensuite, on a parfois l'air achevé…

ment au plaisir solitaire. Résultat : celles qui ont déclaré se masturber fréquemment manifestaient de moins bonnes performances, aussi bien sur le plan de la santé physique que sur celui du bien-être psychologique, que les femmes faisant état de RHV fréquents.

Une étude portant sur quelque 300 étudiantes d'Albany (État de New York) a montré que l'état dépressif des sujets augmentait en corrélation avec l'absence de RHV. Les femmes qui se déclaraient le plus heureuses étaient celles qui disaient avoir des RHV fréquents. Or l'effet antidépresseur disparaissait si les rapports étaient pratiqués avec un préservatif...

Brody a une thèse : le sperme possède des propriétés antidépressives chez la femme. Il est chargé d'hormones, de neuromédiateurs, et d'autres molécules biologiques significatives : testostérone, prostaglandines, hormones stimulant l'ovulation.

Certains confrères ont critiqué le travail de Brody, qui privilégie les rapports hétérosexuels en position du missionnaire. Ils lui reprochent de s'appuyer sur des données autodéclarées. Bien sûr, chacun peut broder ce qu'il veut au sujet de sa vie intime, personne n'est là pour vérifier. Mais toutes les enquêtes dans ce domaine sont réalisées de cette manière, ou alors elles portent sur très peu de sujets.

Quoi qu'il en soit, le cardiologue et nutritionniste Frédéric Saldmann confirme que tous les travaux associent sexualité et longévité : *« Les facteurs de risque cardio-vasculaire diminuent avec la fréquence des rapports sexuels, dans la proportion de l'ordre de 50 %[2].»* Une phrase savante pour indiquer que si vous forniquez avec constance, vous pourrez diviser vos risques de moitié. C'est déjà considérable, inutile d'augmenter la dose à des fins thérapeutiques.

L'amour à deux, c'est bien beau, mais comment faire si on est en solo ?

Selon une étude de 1988, l'autostimulation génitale féminine aurait un effet analgésique, et augmenterait le seuil de tolérance à la douleur. Pour les garçons, il y a mieux : *« Vingt et une éjaculations par mois diminuent d'un tiers le risque de cancer de la prostate.»* Ces chiffres émanent d'une étude américano-australienne portant sur 30 000 hommes. Hypothèse : certains composés cancérigènes présents dans le sperme sont évacués lors de l'éjaculation. S'ils acceptent le résultat global de cette enquête, d'autres chercheurs contestent que le risque de cancer soit lié au nombre d'éjaculations. En tout cas, tous les entraîneurs de foot vous le diront, les veilles de match, un bon cinq contre un, ça fait dormir.

Est-ce l'amour ou l'orgasme qui est bénéfique ? Les deux mon capitaine ! Pour qui ne parvient pas

---

2. *La Vie et le temps, les nouveaux boucliers anti-âge*, Flammarion, 2011.

à faire coïncider l'un et l'autre, la science recommande finalement de ne pas se priver d'amour sans orgasme (simulation), ni d'orgasme sans amour (masturbation).

Au passage, rappelons le mot de Woody Allen : *« On est trop sévère avec la masturbation, qui est quand même le meilleur moyen de faire l'amour avec quelqu'un qu'on aime. »*

Jusqu'à preuve du contraire...

Pourquoi les hommes disent « Je te rappelle », alors qu'ils ne rappellent jamais ?

C'est une expérience de femme. C'est presque devenu un classique : *« On a dîné bla-bla-bla, tout s'est bien passé bla-bla-bla, il m'a dit à bientôt… Et depuis, plus de nouvelles… »* Toutes les filles ou presque ont connu le type qui dit qu'il rappelle et qui ne rappelle pas. Il y a de quoi s'étonner. On comprend qu'un garçon n'ait pas envie de rappeler une fille, mais dans ce cas, pourquoi promet-il le contraire ?

Napoléon disait : *« En amour, la seule victoire c'est la fuite. »* On prétend que les hommes sont lâches, Napoléon serait-il lâche lui aussi ?

En fait, il faut peut-être se tourner vers la science pour battre en brèche quelques clichés, une découverte majeure grâce à une nouvelle technique qui révolutionne les neurosciences : l'imagerie par

tenseur de diffusion. Le scanner a scruté les différences entre les cerveaux d'hommes et de femmes.
Leur structure interne est différente selon le sexe.
Les scientifiques ont visualisé les connexions dites
de «substance blanche», schématiquement les
câbles qui connectent entre elles les différentes
zones du cerveau et qui permettent de le faire
fonctionner comme un ensemble cohérent.

L'imagerie cérébrale met en lumière que les
femmes ont des connexions plus fortes entre les
deux hémisphères, ce qui produit une meilleure
intelligence émotionnelle, et un meilleur niveau
de langage (comme le prouve la dernière étude
Pisa réalisée sur plus de 500 000 jeunes à travers
le monde). Elles analysent mieux leur propre ressenti et celui des autres, et elles savent mieux l'exprimer.

Autrement dit: les femmes savent davantage
exprimer le fait qu'elles ne veulent pas voir un
homme, en mettant les formes, sans avoir peur de
le brusquer ni de s'en faire un ennemi. Les hommes
préfèrent ne pas affronter une épreuve plutôt que
d'échouer.

Oui, mais là, il n'est pas question d'échouer, puisque justement la jouvencelle attendait un coup de
fil – qui n'est pas venu. Alors, où est le problème?

Pourquoi les hommes sont lâches? Le psychologue Gilles d'Ambra a consacré un ouvrage
entier à ce problème; c'est même le titre de son

livre[3] ! Il explique : « *Le courage des hommes, c'est un mythe, les femmes sont bien plus courageuses. Les hommes sont courageux quand il s'agit d'aller chasser le mammouth ou de faire la guerre, et parce qu'ils sont bourrés de testostérone et en groupe. Mais dès qu'il s'agit d'amour, ils deviennent lâches. Prenez l'exemple de la rupture : lorsqu'ils n'aiment plus, ils vont se taire et attendre que leur compagne s'en rende compte.* »

Le psychologue explique aussi cette lâcheté par le fait que les hommes n'aimeraient pas (ou supporteraient moins) les problèmes : « *Les hommes ont été éduqués, formés, pour affronter et régler des problèmes rationnels, pratiques, logiques. Dès qu'il s'agit d'affectif, ils sont toujours un peu ou très mal à l'aise, se sentent vaguement en état d'infériorité, plutôt désavantagés. Ils ne savent pas vraiment faire et ils en sont conscients. Ils ont du mal à laisser parler leurs émotions, à exprimer leurs sentiments, à se dépatouiller dans leurs états d'âme ou à décrypter les vôtres. Et ils voient bien que pour vous c'est plus facile. Alors, un homme évite, il fait celui qui n'a pas entendu ou qui n'a pas compris. Les hommes fuient, d'ailleurs, d'autant plus lâchement, avec bonne conscience, qu'ils ont déjà des problèmes bien plus réels, professionnels, financiers, matériels, etc., à régler.* »

---

3. *Pourquoi les hommes sont lâches ?*, First, 2006.

L'explication la plus surprenante de Gilles d'Ambra est à venir : les hommes ne rappellent pas car ils sont moins cruels que les femmes. *« Quand vous ne voulez pas (ou plus) d'un homme, vous ne vous embarrassez pas d'états d'âme. Eux si. Ils préfèrent souvent (lâchement) disparaître. Ils ne rappellent pas et vous comprenez progressivement que c'est fini. Cela vous fait mal à dose homéopathique. C'est mieux – pensent-ils – que de vous assener brutalement des vérités blessantes sur vos capacités de séduction, vos performances sexuelles ou affectives. Surtout que, finalement, ce n'est qu'une affaire de goût, une question de point de vue. Ce qui ne convient pas (ou plus) à un homme peut très bien plaire à un autre. »*

Je reviens à la question de départ : pourquoi les hommes disent aux femmes « Je te rappelle » et ne rappellent jamais ? En l'occurrence, le souci ne vient pas du fait que le garçon ne rappelle pas, ce qui désole son interlocutrice, mais qu'il avait prétendu vouloir appeler. D'avance, il savait qu'il ne décrocherait plus son téléphone, mais il n'a pas voulu le dire pour ne pas gâcher la fin du dîner.

Comme disait Charles Pasqua (un garçon) : *« Les promesses n'engagent que ceux qui y croient. »* Le même avait promis de *« terroriser les terroristes »*. On attend toujours.

Jusqu'à preuve du contraire…

Pourquoi les femmes peuvent-elles avoir des orgasmes pendant des heures, jusqu'à cinq ou six d'affilée, et pas les hommes ?

OK, des heures, c'est un peu exagéré. Reste que par rapport aux hommes, les femmes ont la possibilité de grimper au ciel plusieurs fois. En rafale. On parle de «redites orgasmiques». Certaines connaissent même le *status orgasmus*, c'est-à-dire qu'elles ont un orgasme non-stop. Le Dr Sylvain Mimoun, gynécologue, andrologue et psychosomaticien, le décrit : « *Le* status orgasmus *peut être comparé à une crise de tétanie, les femmes s'accrochent à l'orgasme. L'orgasme peut durer 2 à 3 minutes. Le plaisir ne veut pas diminuer durant ce laps de temps.* »

En général, les hommes ont du mal à suivre. Le Dr Mimoun les conseille : « *Quand les femmes ont*

*un orgasme, les hommes devraient réserver le leur.
Car s'ils suivent leur femme dès le premier orgasme,
ils ne seront plus présents ensuite. »*

Selon les sources, de 20 à 40 % des femmes avouent connaître des orgasmes multiples, que ce soit avec leur partenaire, ou seules, par tous moyens mis à leur disposition[4]. Certaines chanceuses dix fois d'affilée. Pour quelle raison ? Pourquoi cet avantage biologique sur les hommes ?

Inutile d'expliquer ici les bienfaits de l'amour physique, et éventuellement de l'orgasme. Comme pour boire et manger, c'est d'abord la récompense donnée à l'organisme pour assouvir ses besoins vitaux, et donc perpétuer l'espèce. Une race de lézards qui préférerait lézarder plutôt que de se nourrir mourrait de faim ; une race de primates qui ne voudrait plus copuler serait une espèce en voie de disparition (c'est d'ailleurs ce qui arrive aux pandas dans certaines forêts où leur périmètre se réduit).

L'orgasme est nécessaire à l'homme car c'est à cette occasion qu'il transmet sa semence. Ensuite, il connaît une période réfractaire – de quelques minutes à quelques heures – qui permet à son cœur de redescendre à un rythme normal, et de retrouver de l'énergie libidinale. Mais pour la

---

4. En 2013, le marché mondial des vibromasseurs et autres *sex-toys* s'est élevé à 22 milliards d'euros ! (*L'Express*, 27 août 2014.)

femme ? Il lui est tout à fait possible, hélas, de tomber enceinte sans aucun plaisir. Alors pourquoi cette récompense pour elle aussi ? Certains scientifiques, minoritaires, évoquent un « accident biologique ». Comme si le clitoris, sorte de résurgence de l'organe mâle, n'avait rien à faire ici. Ce n'est pas la thèse qui prévaut, loin de là.

Dans *Le Singe nu*, Desmond Morris accorde un second avantage à l'orgasme féminin : *« Il accroît considérablement les chances de fertilisation. »* Quel rapport ? Géométrique. Morris note la singularité de notre espèce parmi nos cousins primates : nous marchons debout. *« Quand la femelle du singe a été ensemencée par un mâle, elle peut aller et venir sans craindre de perdre le fluide séminal qui repose maintenant dans la partie la plus profonde de son canal vaginal. Car elle marche à quatre pattes. L'angle de son orifice est encore plus ou moins horizontal. »* Mais depuis Cro-Magnon ou Néandertal, le cas d'une femme est différent : *« C'est une bipède et l'angle de son orifice vaginal, durant la locomotion normale, est presque vertical. Sous la simple influence de la pesanteur, le fluide séminal refluerait et une grande partie serait perdue. On notera l'immense intérêt que présente une réaction qui tende à maintenir la femelle à l'horizontale quand le mâle éjacule et que la copulation cesse. La violente réaction de l'orgasme féminin, qui laisse la femelle en état de satiété et d'épuisement sexuel, a précisément cet effet. Il est donc doublement intéressant.* »

La *Revue médicale suisse* donne tous les détails : « *Le pic de l'orgasme féminin est caractérisé par trois à quinze contractions involontaires du tiers externe du vagin et de fortes contractions de l'utérus et des sphincters externe et interne de l'anus. Ces contractions se produisent à des intervalles de 0,85 seconde. Au pic de l'orgasme, d'autres manifestations périphériques peuvent aussi apparaître, telles que l'augmentation de la tension artérielle, de la fréquence cardiaque qui peut atteindre cent soixante battements par minute, ou encore la dilatation des pupilles.*

« *L'ensemble de ces réactions physiologiques est variable d'une femme à l'autre. Une même femme peut également ressentir des orgasmes différents selon le partenaire et le moment, soulignant ainsi le rôle fondamental de la pensée dans le ressenti de l'orgasme, […] mais aussi en fonction de l'âge (à partir de 40 ans, les femmes ont plus d'orgasmes qu'entre 18 et 29 ans)[5].* » Et à la différence de l'homme, la période réfractaire n'existe pas chez la femme, c'est-à-dire qu'elle peut recommencer aussitôt.

---

5. « Le cerveau au cœur du plaisir féminin », Stéphanie Ortigue et Francesco Bianchi-Demicheli, in *Revue médicale suisse*, mars 2006.

Va pour l'orgasme, mais pourquoi multiple ? La réponse est cette fois arithmétique. Je ne vous apprends rien : l'orgasme féminin, cela ne fonctionne pas à tous les coups. La fécondation non plus. La nature a donc multiplié les chances en gratifiant certaines femmes de joies multiples. Et à répétition. Par conséquent, et cela ne va pas faire plaisir aux ligues de vertu, pas forcément dans la même heure avec le même partenaire.

Et les hommes pendant ce temps ?

Euh, les hommes, ils pioncent…

Jusqu'à preuve du contraire…

Pourquoi les hommes sont-ils à ce point focalisés sur les seins ?

Jusqu'à preuve du contraire, les hommes aiment les seins. Pas forcément les gros d'ailleurs (cf. Serge Gainsbourg). Certains même en sont fous. Et certaines femmes aussi ; effet miroir ou pas. Le budget consacré à la chirurgie mammaire s'élève chaque année à 200 millions d'euros rien qu'en France, plus d'un milliard de dollars dans le monde. Les analystes prévoient une croissance mondiale annuelle de 10 % jusqu'en 2017.

Pourquoi cette fascination pour les seins ?

L'espèce humaine est à part dans le monde animal. L'homme est le seul mâle terrestre qui s'intéresse à la poitrine des femelles lors du contexte sexuel. La femme est d'ailleurs la seule espèce dont les mamelles prennent du volume durant la puberté sans même qu'il y ait une grossesse.

Il y a un effet visuel indéniable. Cela expliquerait peut-être pourquoi certaines femelles chimpanzés ou bonobo exhibent ostensiblement leur arrière-train. Chez les humains, avec le temps, les seins seraient devenus plus gros pour imiter le contour des fesses féminines. Beaucoup de spécialistes réfutent cette thèse, sans réel fondement scientifique. Selon les adeptes de la théorie de biologie évolutive, une poitrine abondante était perçue par l'homme comme un signe de bonne santé de la femme en question. Possible, mais pas davantage que la qualité de la peau, de la dentition ou de la chevelure. Une autre hypothèse est que la plupart des primates pratiquent l'acte sexuel par-derrière.

La thèse qui prévaut et qui résiste aux critiques est celle du psychologue Larry Young, chercheur à l'Emory University. Il a pour spécialité l'étude des bases neurologiques des comportements sociaux. En clair, ce qu'il y a de concret donc d'indéniable dans notre psychologie. Dans son ouvrage *The Chemistry Between Us*, il assure que l'attachement au sein provient d'un circuit de neurones particuliers qui servent à favoriser l'attachement d'une mère pour son petit pendant l'allaitement. Attachement réciproque. En caressant les seins, les hommes, comme autrefois quand ils étaient bébés, pousseraient les femmes à les aimer davantage.

Young ne donne pas son point de vue, mais des faits : au moment de l'allaitement, lorsque le bébé suce le mamelon et aspire sur le téton, le cerveau de sa mère est soudain baigné d'une hormone appelée ocytocine, hormone fortement associée à l'amour et à l'attachement. La femme accorde ainsi toute son affection à son petit.

Petit bébé deviendra grand. La poitrine joue ensuite un rôle important lors des rapports sexuels et participe activement à l'excitation. Il est scientifiquement prouvé que des caresses sur les seins activent les mêmes régions du cerveau que la stimulation du vagin ou du clitoris. Et comme dans le cas de l'allaitement, les gestes de l'amant, ou ses baisers, peuvent avoir la même conséquence hormonale : une décharge d'ocytocine, douce inondation dans le cerveau féminin.

Young va plus loin : il assure que ce phénomène participe de – et à – la sélection naturelle. Plus un amant est prévenant, plus il a de chances de bien s'occuper de sa progéniture, et donc plus il a de chances d'avoir une forte descendance. C'est le système de récompense bien connu.

Jusqu'à preuve du contraire…

Pourquoi les femmes n'aiment-elles pas le porno ?

OK, la formulation est un peu sèche. Disons que les filles sont moins branchées porno que les garçons.

En France, seuls 3 % des hommes et 17 % des femmes déclarent n'avoir <u>jamais</u> vu de film pornographique. Inversons les pourcentages: ça fait du monde devant les écrans! Seulement 24 % des femmes, contre 35 % des hommes, disent regarder régulièrement du X, en vidéo ou *via* Internet. Et encore, il ne s'agit là que d'un sondage[6]. Internet a changé la donne. Contrairement à une réponse à un enquêteur, votre adresse IP ne peut pas mentir. Les chiffres sont alors presque inavouables: 80 % des connexions[7] sur Internet aboutissent à un site X. Comptez le nombre de gens connectés à Internet…

---

6. Enquête Ifop septembre 2009, échantillon de 2 016 personnes, méthode des quotas.
7. *Le Nouvel Observateur*, 25 juillet 2002.

Mais peu importent les données brutes, ce qui nous intéresse ici, c'est la différence garçon/fille.

Les hommes s'en étonnent souvent, certains s'en désolent… Pourquoi donc les femmes n'attendent-elles pas avec la même impatience qu'eux le grand film du samedi soir minuit sur Canal+ ?

Ce n'est pas que le beau sexe soit moins porté sur la bagatelle. Il n'y a qu'à voir l'avalanche de sujets sexo annoncés en couverture des magazines féminins, de plus en plus « concernants », de plus en plus crus.

Alors, pourquoi un tel fossé entre les sexes ?

La réponse en surprendra plus d'un : en réalité, les femmes aiment le porno ! Sauf que ce n'est pas le même que celui des hommes. Dans son ouvrage *L'Érotisme*, le sociologue italien Francesco Alberoni a comparé l'image commune des relations entre hommes et femmes véhiculée par les films pornographiques. Il a analysé la trame du scénario, non seulement du film, mais aussi scène par scène. Presque invariablement, un film X raconte l'histoire d'un type banal, qui croise une femme, jeune, aussi séduisante que disponible. Alors que, normalement, la belle ne lui jetterait même pas un regard, voilà que par miracle elle n'a qu'une obsession : s'envoyer en l'air avec lui sur-le-champ ! En échange, cette bombe sexuelle ne demande rien : pas d'invitation à dîner, pas de voyage de rêve, pas de cour assidue, encore moins de promesse de mariage, juste le plaisir immédiat. C'est le coup classique du plombier qui vient pour une fuite et qui repart trempé.

Alberoni s'est ensuite penché sur un autre type de scénario : une infirmière célibataire comme il y en a tant dans un hôpital, où vient d'être muté un célèbre chirurgien. Lui est grand, beau, riche, cultivé, élégant, et il n'a qu'une idée en tête : mieux connaître cette modeste infirmière que personne jusque-là n'avait remarquée. Toujours célibataire (on se demande bien pourquoi), le bellâtre lui envoie des lettres passionnées, la couvre de fleurs et de cadeaux, la demande en mariage, sans même avoir couché. La femme le repousse ? Il persévère... Voilà le porno féminin : ce sont les histoires des romans à l'eau de rose.

À l'origine de ces pulsions opposées, on retrouve l'instinct profond du mammifère ; le mâle cherche à répandre ses gènes et la femelle à obtenir une protection pour élever ses petits. Comme l'explique Francesco Alberoni : « *La pornographie masculine élimine la résistance féminine [...]. Les romans sentimentaux, eux, éliminent les obstacles, les doutes et les responsabilités.* »

Impossible, dès lors, qu'hommes et femmes se retrouvent exactement ensemble devant un même film porno, avec les mêmes attentes. Rocco Siffredi chez Harlequin, cela aurait pourtant de l'allure. Et l'inverse aussi.

Jusqu'à preuve du contraire...

Pourquoi, quand un homme a du succès avec les femmes, c'est un séducteur, et quand une femme a du succès avec les hommes, c'est une salope ?

Je ne vais pas expliciter ici ce cliché. Ce qui frappe, et prouve à quel point il est hélas toujours d'actualité, est que même ceux qui s'en défendent l'alimentent. Il n'y a qu'à voir ces talk-shows où l'animateur invite des stars du porno, salue leur liberté, puis, quelques minutes après, les traite de « cochonnes », sous les rires gras.

Dans la presse dite sérieuse, la plupart des magazines qui ont fait le portrait de Carla Bruni n'ont pas manqué de dresser la liste de ses amants. Je connais beaucoup de ces journalistes : ce sont les premier(ère)s à clamer (je cite la rengaine entendue cent fois) : « *Chacun fait ce qu'il veut avec son cul.* » Certes. Alors pourquoi Carla Bruni devrait-elle se justifier de ses relations passées, fussent-elles nombreuses ? Lorsqu'il s'agit d'un homme, acteur, chanteur, voire politicien, jamais une telle énumération n'est effectuée. Pourquoi cette différence de traitement ? D'où vient-elle ?

À la préhistoire, tout laisse à penser que les femmes étaient aussi infidèles que les hommes, et vice versa. Ou plus précisément que nos notions contemporaines de fidélité n'existaient pas, selon les préhistoriens. Et les biologistes. C'est, selon eux, pour cette raison qu'il y a près de 100 millions de spermatozoïdes[8] libérés à chaque coup. Non pas pour faire la course entre eux (dans quel but ?), mais parce que plusieurs mâles étaient en concurrence pour féconder la même femme (ou femelle). Et c'était le plus vaillant qui l'emportait, autrement dit celui qui possédait le meilleur patrimoine génétique.

Au Paléolithique (99 % du temps de présence humaine sur Terre), l'homme se nourrissait de cueillette, et trouvait la viande sur les cadavres laissés par les animaux sauvages, avant d'apprendre la chasse et la pêche (d'où l'invention de l'outil, pour découper, puis pour tuer). Puis arriva l'invention de l'agriculture et de l'élevage. C'est le Néolithique,

---

8. De 50 à 200 millions suivant l'individu, l'âge et l'état de forme du moment.

quelque 10 000 ans avant notre ère. Les nomades se sédentarisent. Au lieu de tout partager comme autrefois, certains possèdent des terres et des animaux, pour leur usage exclusif et celui de leur clan. Et là, tout bascule dans le comportement humain. Les premiers conflits armés (traces de coups volontaires sur les crânes et les membres) remontent à l'invention de l'agriculture. Au sein d'un clan, d'une famille, le propriétaire est généralement le plus puissant, donc le mâle dominant. Mais lorsque le propriétaire d'une chèvre ou d'un lopin de terre vient à décéder, à qui reviennent ses biens ? Au plus fort survivant de son clan, donc mécaniquement à son fils aîné (les hommes possèdent 25 % de muscle supplémentaire par rapport aux femmes, mais c'est une autre histoire). Certes. Mais comment être certain que le premier des garçons mis au monde par sa favorite était bien le sien ? En exigeant de sa femme la fidélité. D'elle, et non pas de lui. Car on était certain que le bébé était d'elle, mais pour ce qui est du géniteur… Une inégalité que le chercheur américain Richard Wright résume d'un trait : « *La fidélité, c'est la propriété.* » Et voici pourquoi les hommes, historiquement, ne sont pas astreints aux mêmes obligations que les femmes ; peu importe qu'ils aillent voir ailleurs, ce qui compte, c'est que l'enfant né dans la famille soit bien de la famille.

Comme m'avait dit un jour un notaire, non sans cynisme : « *Un homme qui se tape plein de femmes, il pérennise l'espèce. Une femme qui se tape plein d'hommes, elle fout le bordel dans les droits de succession.»*

Jusqu'à preuve du contraire…

Post-scriptum (si vous doutiez encore de l'acuité de ce cliché en notre époque éprise d'égalité et de liberté sexuelle):

Un homme à femmes: c'est un séducteur; une femme à hommes: c'est une pute.

Un entraîneur: c'est un homme qui entraîne une équipe sportive; une entraîneuse: c'est une pute.

Un professionnel: c'est un sportif de haut niveau; une professionnelle: c'est une pute.

Un coureur: c'est un homme qui est bon joggeur, ou un pilote de F1; une coureuse: c'est une pute.

Un homme qui fait le trottoir: c'est un cantonnier; une femme qui fait le trottoir: c'est une pute.

Un courtisan: c'est un homme qui est proche du roi; une courtisane: c'est une pute.

Un gars: c'est un jeune homme; une garce: c'est une pute.

Un péripatéticien: c'est un philosophe partisan de la doctrine d'Aristote; une péripatéticienne: c'est une pute.

Un homme public: c'est un homme connu; une femme publique: c'est une pute.

Un homme facile: c'est un homme agréable à vivre; une femme facile: c'est une pute.

Un homme de petite vertu: cela ne se dit pas; une femme de petite vertu: c'est une pute.

Pourquoi les hommes préfèrent-ils les blondes ?

Inutile de s'encombrer de phrases. Quelques noms suffisent. Marilyn Monroe, Brigitte Bardot, Grace Kelly, Mireille Darc, Sharon Stone, Scarlett Johansson, Adriana Karembeu, Læticia Hallyday, Tristane Banon, la Belle au bois dormant, Boucle d'or, Cendrillon, etc.

La blonde semble incarner le fantasme par excellence. L'institut Ipsos a réalisé en 2005 un sondage très instructif pour ce qu'il révèle, et pour ce qu'il ne révèle pas. Il a été demandé aux hommes : « En ce qui concerne la couleur des cheveux, quel est votre type de femme préféré ? » Les femmes ont été interrogées sur le même sujet, mais avec une subtile variante dans la question : « En ce qui concerne la couleur des cheveux, quel est le type de femme préféré des hommes ? » Voici leurs réponses : les blondes arrivaient largement en tête avec 58 %, les brunes suivaient avec 31 %, et les rousses se contentaient d'un tout petit 1 % (NSP [9] 10 %).

---

9. NSP : Ne se prononce pas.

Je reviens à la question posée aux hommes : « En ce qui concerne la couleur des cheveux, quel est votre type de femme préféré ? » Les femmes s'étaient complètement plantées. Dans le choix des hommes, ce ne sont pas les blondes mais les brunes qui arrivent largement en tête, avec 53 % de préférence, suivies des blondes avec 28 %, et les rousses ferment la marche : 6 % (NSP 13 %).

Tout ça pour dire quoi ? Que le désir réside parfois dans l'idée qu'on s'en fait. Beaucoup de femmes disent se sentir plus désirables lorsqu'elles portent de la jolie lingerie, même si cela ne se voit pas du tout.

Pourtant, en dépit du sondage, il semble que les blondes jouissent d'un avantage considérable sur les autres femmes. Le professeur Viren Swami, de l'université de Westminster, à Londres, s'est amusé à faire porter une perruque blonde, brune ou rousse à la même jeune fille dans plusieurs boîtes de nuit de Londres. L'expérience consistait à se laisser aborder par les garçons et à compter le nombre de tentatives de drague en fonction de la couleur. À elle seule, la perruque blonde attirait autant de garçons que la brune et la rousse réunies.

Le professeur Nicolas Guéguen, chercheur en psychologie sociale à l'université de Bretagne-Sud, s'est également attelé à procéder au test de l'auto-stop. Même dispositif : la même femme, mais trois perruques. Et résultat identique : la blonde a beaucoup plus de succès que la brune ou la rousse en se postant au bord d'une route. L'expérience ne s'est pas arrêtée là. Pour en avoir le cœur net, Guéguen a aussi demandé à un garçon de faire de l'auto-stop avec une perruque blonde, brune ou rousse sur la tête. Contrairement au test féminin, le taux de succès était le même dans les trois cas.

Les hommes trouveraient-ils les blondes plus belles que les brunes ? Bizarrement non. Swami a retouché la photo d'une même jeune fille avec des cheveux de trois couleurs différentes, puis il a demandé à des hommes de se prononcer sur la beauté de chacune. Il a constaté que c'est avec des cheveux bruns que la jeune fille était jugée la plus belle. Exactement comme dans le cas du sondage français. On débouche là sur un curieux paradoxe : les hommes trouvent la femme blonde moins belle, mais l'abordent plus souvent.

Mais pour quelle raison ? Le psychologue David Matz du Augsburg College, à Minneapolis, a montré que plus clairs sont les cheveux d'une femme, plus on la perçoit jeune. (Au passage, il existe à Paris un salon de coiffure tenu par un coloriste exclusivement consacré à la teinture blonde – et dont la presse révèle qu'il reçoit la moitié des comédiennes françaises.) Guéguen écrit : « *Les hommes sont attirés par les femmes plus jeunes, vraisemblablement parce que leur fécondité est supérieure, et que l'évolution biologique a favo-*

risé la recherche de partenaires efficaces pour pro-créer. »

À cette explication s'ajoute la thèse de nombre de féministes : les hommes préfèrent les femmes jeunes car ils peuvent plus facilement les dominer, grâce à leur expérience, et donc leur maîtrise des situations conflictuelles (éventuellement aussi *via* leur pouvoir d'achat supérieur).

Justement. Parlons argent. Là encore, un paradoxe. David Johnston, de l'université du Queensland, en Australie, a découvert qu'à niveau d'instruction égal, le salaire des femmes blondes était supérieur à celui des autres femmes après un certain nombre d'années dans la vie active. Il résume ainsi la chose : le fait d'être blonde équivaut à une année d'études supplémentaire. Une blonde ayant un niveau d'études correspondant à notre bac + 2 est généralement payée comme une brune bac + 3.

Il n'a pas échappé à Johnston que cela s'explique en partie par le milieu professionnel. Si à la base les femmes blondes sont plus convoitées que les brunes, conséquemment le milieu socioprofessionnel dans lequel elles évoluent leur permet d'obtenir des salaires supérieurs, grâce à leurs relations.

Jusqu'à preuve du contraire...

Pourquoi ne croise-t-on jamais dans la rue les filles des magazines ?

Pardon de commencer par une anecdote personnelle. C'est le matin, je suis dans un café parisien, je lis le journal. Face à moi, une jeune fille sirote un thé avec sa maman, de dos. Une grande blonde, dont les cheveux gras tombent sur les épaules comme des baguettes, le nez retroussé, la peau pas très nette. La maman sort de son sac un book de mannequin. La fille en photo est d'une beauté torride. Le teint ambré, la bouche pulpeuse, des dents parfaites, la chevelure chatoyante et ondulée. C'est elle ! Le canon et la médiocre ne sont qu'une seule et même personne. La maman n'est pas sa maman, mais son agent.

Pourquoi ne croise-t-on jamais dans la rue les filles des magazines ? Parce qu'elles n'existent pas. La bombe atomique dont vous enviez les courbes a été castée parmi des centaines d'autres nymphettes, par l'agence puis par le client (c'est comme ça qu'on dit : client). Le jour J, elle est coiffée et maquillée. Comptez trois heures de préparation. Ajoutez une heure d'éclairage du studio. Le shooting commence : au bas mot, un demi-millier de prises de vue. Arrive la retouche numérique. Le logiciel Photoshop gomme les plis, estompe la moindre ridule, enjolive l'aisselle, remonte un sein, affine la cuisse et retire le point noir sur la lèvre qui aurait échappé aux maquilleuses. L'opérateur ne s'arrête pas là : la belle n'a jamais pris cette pose gracieuse et tellement sexy. La photo est une combinaison de plusieurs : le visage, c'est la 340 ; le buste, la 221 ; le bras, la 028 ; la main la 379, etc. C'est pas une fille, c'est un puzzle ! C'est ainsi que Laetitia Casta s'est un jour retrouvée en couverture d'un magazine avec deux pieds droits…

Tout cela serait risible si de pauvres adolescentes ne se tuaient la santé à se faire maigrir pour ressembler à ces chimères. La souffrance, l'anorexie, la honte d'être hors normes, vous imaginez la suite…

Mesdemoiselles, mesdames, chères amies, apprenez qu'il n'y a qu'une partie du corps que Photoshop ne peut retoucher, et c'est justement la plus séduisante : le cerveau.

Jusqu'à preuve du contraire…

Pourquoi ne mange-t-on presque plus quand on est amoureux ?

Vous connaissez les signes cliniques du coup de foudre : état de béatitude général, fatigue envolée, grosse ardoise chez le fleuriste. On en oublie même de manger. Ce n'est pas qu'on n'a plus le temps. C'est qu'on n'a plus faim.

Quand l'appétit va, tout va, dit le proverbe. Corollaire : l'amoureux radieux et rayonnant devrait avoir un appétit d'ogre. Or c'est le contraire. Que se passe-t-il ?

Notre vie sentimentale est en rapport direct avec l'activité du cerveau. Pardonnez-moi d'être trivial, mais voici – schématiquement – ce qui survient au niveau moléculaire dans la tête de Roméo comme dans celle de Juliette.

Lorsque la belle Capulet et le fier Montaigu tombent amoureux, leurs cerveaux respectifs produisent en masse une molécule appelée phényléthylamine. C'est elle qui est en grande partie responsable du plaisir que l'on ressent à se trouver près de l'être aimé. À Vérone comme partout ailleurs. Or, d'un point de vue chimique, cette phényléthylamine s'apparente aux amphés. Les amphétamines, vous connaissez : c'est le nom savant des « coupe-faim » que l'on donnait il y a quelques années aux femmes qui suivaient un régime amaigrissant radical. Les amphétamines entrent également dans la composition des pilules dopantes que certaines armées donnent à leurs soldats pour les expédier au front remontés à bloc. Un euphorisant, donc.

Revenons à nos deux tourtereaux. Les voilà dans l'état d'un pilote de char soviétique en manœuvres. Grâce à la phényléthylamine, ils ressentent beaucoup moins le sommeil, la soif, et surtout la faim ; ils n'ont plus peur de rien, obnubilés par leur idylle. Le miracle chimique supplante la fatigue physique.

Ce n'est pas une raison pour sauter des repas.

Jusqu'à preuve du contraire…

Pourquoi les hommes s'endorment-ils après l'amour?

Raaaaahhh lovely!!! C'est un phénomène que nous avons tous et toutes observé. Une fois l'acte consommé, le garçon disparaît dans les limbes, dans les bras de Morphée, à l'Auberge du Cul Tourné, au grand désarroi de sa partenaire (mais aussi quelquefois pour son bonheur). Rassurez-vous, mesdames, mesdemoiselles: votre charme et votre savoir-faire ne sont pas en cause. Bien au contraire: un homme qui simule ne s'endort pas. La faute incombe d'abord aux hormones.

Il y a aussi le problème de la phase réfractaire, le temps de «recharger les accus». Elle dure de quelques minutes pour les plus jeunes, à quelques jours, pour les plus âgés. Vous connaissez le proverbe: *Post coitum, anima tristis*, écrivait Ovide dans *L'Art d'aimer*, qui ne pensait qu'à lui. Car la phrase se traduit ainsi: après l'amour, toutes les âmes sont tristes. Les femmes manifestement n'avaient pas d'âme pour le poète latin. Bref, pourquoi cette fatigue soudaine ?

Chez l'homme, l'équilibre chimique de l'organisme se transforme après le plaisir ultime. Le sexothérapeute canadien David McKenzie détaille ce tsunami microscopique et dévastateur : « *L'orgasme libère de la prolactine, substance biochimique qui a pour effet de lui donner un sentiment de grande fatigue.* »

Les médecins Mark Leyner et Billy Goldberg ont consacré un livre au sujet : *Pourquoi les hommes s'endorment-ils après l'amour*[10] ? Ils ont épluché la littérature médicale pour être fixés sur la question. De leur propre aveu, ils ont trouvé « *des études portant sur la fornication chez les rats, chez les hamsters et chez les campagnols des prairies, mais très peu d'informations sur le roupillon post-coïtal* ». Ils ajoutent une cause plus mécaniste : « *La grande dépense physique durant l'acte sexuel et au moment de l'orgasme épuise les réserves de glycogène des muscles, substance qui leur fournit leur énergie. Comme les hommes ont plus de masse musculaire que les femmes, ils se sentent plus fatigués qu'elles.* » Les deux médecins reconnaissent toutefois le rôle prépondérant de la biochimie. D'autant que certains messieurs donnent tout ce qu'ils ont sans grande dépense physique. « *Trois*

---

10. *Why Do Men Fall Asleep After Sex ?*, Three Rivers Press, 2006.

minutes douche comprise», aimait à plaisanter le président Chirac.

Leyner et Goldberg font la différence: *«Juste après l'orgasme, chez l'homme tout comme chez la femme, l'organisme libère des substances chimiques: ocytocine, prolactine, acide gamma-aminobutyrique (GABA) et endorphines. Toutes contribuent à provoquer cette envie de se laisser rouler sur le côté et de ronfler. Il semble qu'elles soient sécrétées en quantités égales chez l'homme et chez la femme, mais nous savons tous qui a le plus fréquemment des orgasmes.*

«L'hormone ocytocine a plusieurs effets connus, notamment le déclenchement du comportement maternel, la stimulation de l'éjection de lait (descente de lait). On l'appelle aussi "l'hormone des câlins" car elle déclenche le besoin d'être proche et de s'attacher, mais hors du registre sexuel. Une autre étude a démontré que l'ocytocine inhibe le comportement sexuel du mâle chez les campagnols des prairies. C'est sans doute l'ocytocine qui nous donne la sensation d'être comblé et reposé après une bonne partie de jambes en l'air.»

Ainsi donc, papa roupille, et maman garde les yeux ouverts. Et parfois pas que les yeux. Le Dr Jacques Waynberg, fondateur de l'Institut français de sexologie, constate: *«Il n'y a pas non plus de phase dépressive chez la femme après l'amour, si bien qu'elle est en pleine forme pour recommencer, alors que son partenaire est au mieux fatigué, au pire endormi. C'est une différence fondamentale de réaction entre les sexes : l'amour fatigue rapidement les hommes tandis qu'il réveille les femmes, qui se révèlent beaucoup plus performantes. Cette différence de réactions sexuelles n'est que l'une des différences qui font la difficulté et le plaisir de la communication entre les hommes et les femmes. »*

Hélas ! oui. Car le sommeil de l'homme peut être perçu par elle comme de l'indifférence, alors qu'il est le symptôme que l'organisme fonctionne parfaitement. Mais si ce n'était pas le cas ?

Cela s'appelle l'épectase : mourir pendant l'orgasme. Généralement d'un arrêt cardiaque. Raaaaahhh aaarggghhh... On dit que le président français Félix Faure en est mort, dans les bras de sa maîtresse.

« Il se voulait César, il ne fut que Pompée... » Le mot est de Clemenceau. Selon Pierre Darmon, historien de la médecine, le décès du président sous le charme de la belle Marguerite Steinheil serait une légende : Félix Faure présentait déjà des signes de tachycardie. Un entretien conflictuel avec le prince de Monaco aurait aggravé son état. Celui-ci aurait ensuite passé quelques minutes avec sa maîtresse avant de défaillir et de rejoindre son bureau. C'est entouré de sa famille et de son médecin qu'il serait mort, officiellement d'une congestion cérébrale. Mais la presse a brodé et en a rajouté. L'histoire était trop belle.

Quelle est l'influence des rapports sexuels sur l'infarctus du myocarde ?

Les scientifiques du Karolinska Institutet, à Stockholm, ont interrogé dans le détail tous les patients victimes d'un premier infarctus vivant dans la capitale suédoise et ses environs, qui avaient été hospitalisés en urgence entre avril 1993 et décembre 1994, soit 699 hommes, mariés pour les trois quarts. L'enquête a révélé que seulement 1,3 % des malades ayant souffert d'un infarctus sans aucun symptôme prémonitoire avaient eu des relations sexuelles dans les deux heures précédant l'attaque cardiaque.

Moralité : l'activité sexuelle représente un effort physique d'intensité modérée. Sauf chez des patients dont la fonction cardiaque est très altérée, aucune raison de conseiller l'abstinence.

Apocryphe ou non, on raconte qu'à la suite du malaise de Félix Faure, il y eut cet échange entre le planton et le prêtre appelé en urgence : « Le président a-t-il encore sa connaissance ?

— Non, monsieur l'abbé, elle est sortie par l'escalier de service. »

Jusqu'à preuve du contraire...

Pourquoi les femmes portent-elles des talons hauts ?

« *Les jambes des femmes sont des compas qui arpentent le globe terrestre en tous sens, lui donnant son équilibre et son harmonie.* » Ainsi parle le personnage de Charles Denner dans *L'Homme qui aimait les femmes*, chef-d'œuvre de Truffaut, dans lequel chaque comédienne semble perchée sur des escarpins. Almodóvar a réalisé un film sur ce thème, *Talons aiguilles*, qui a aussi fasciné Buñuel (*Cet obscur objet du désir*). Baudelaire en a fait un poème : « À une passante ».

Mais d'abord, pourquoi des talons hauts ? La première réponse qui vient est évidemment : pour s'élever. Mais dans ce cas, les femmes grandes n'en porteraient jamais, et certains petits hommes en porteraient toujours. Le gain de taille ne suffit pas à expliquer la frénésie pour les escarpins. Les fétichistes des hauts talons ont d'ailleurs un nom : les altocalciphiles. Un terme mixte.

On me dira: c'est là un vestige de la domination masculine millénaire, comme le corset, la jupe, la robe, les bas ou le porte-jarretelles. Ah bon? Et pourquoi corsets, bas et porte-jarretelles ont-ils disparu de la garde-robe ordinaire des femmes, tandis que les escarpins y trônent toujours? Et qu'ils se portent même avec jean's et T-shirt? (en couverture du *Figaro Magazine*[11], la féministe ministre de la Culture Aurélie Filippetti pose – assise! – en pantalon, mais en talons de 10 centimètres).

Selon les sondages et les chiffres de vente, les souliers à talons sont les préférés des dames. Deux tiers des femmes déclarent préférer porter des talons de 3 à 8 centimètres, un tiers, supérieurs à 9 centimètres. En France, les femmes possèdent en moyenne dix-sept paires de chaussures, contre huit seulement pour les hommes. Beaucoup de femmes y consacrent leurs économies (invraisemblable, le nombre de photos et d'allusions aux *shoes* dans les pages Facebook!). Et Christian Louboutin, sa vie.

« Louboutin peint les semelles de ses chaussures en rouge vif. À chaque pas, un éclair sanglant de semelle accroche donc le regard des admirateurs. Perfectionnement supplémentaire: le talon de certains modèles laisse une empreinte de rose sur le sol. Louboutin l'appelle le "suis-moi", en référence aux chaussures

---

11. 27 juin 2014 (Aurélie Filippetti a quitté le gouvernement le 25 août 2014).

des prostituées grecques de l'Antiquité qui laissaient des messages semblables dans le sable. Les femmes qui portent du Louboutin semblent marcher comme sur des langues qui saignent. Et qui appellent...», écrit Agnès Giard. Elle ne fabule pas. Christian Louboutin a révélé qu'il devait sa vocation au fait d'avoir suivi dans la rue une prostituée. Les bordels romains (ou lupanars) affichaient sur leur façade une empreinte de pied. Peut-être l'origine de l'expression «prendre son pied» se trouve-t-elle ici?

« Le paradoxe des talons hauts, analyse Rona Berg dans *Vogue, c'est qu'ils sont à la fois un instrument de pouvoir et de torture.»* Vous avez dit torture? Les femmes ont beaucoup plus de problèmes aux pieds que les hommes: 90 % des Françaises disent avoir déjà souffert d'affections allant de l'ampoule aux problèmes musculaires. Portés trop longtemps, les talons hauts provoquent en effet des déformations parfois irréversibles: orteils en marteau, pieds plats, lésion de la colonne vertébrale...

Après une heure en équilibre sur des talons hauts, la plupart des femmes ont mal aux pieds et elles sont 20 % à ressentir la douleur au bout de seulement 10 minutes! Une étude réalisée auprès de 2 000 hommes et femmes et 60 podologues par le College of Podiatry a montré que, à cause de l'inconfort des chaussures, un tiers des femmes sont déjà rentrées chez elles pieds nus, pour atténuer la douleur.

Mais alors, pourquoi bon sang persistent-elles à se ruiner, dans tous les sens du terme, pour des escarpins ?

« Il y a bien un lien direct du pied au plaisir et les notions d'emprise, de contrôle et de domination s'expriment là dans toutes leurs forces. Rapport dominant-dominé, relation sadomasochiste, si la femme a, de toute évidence, accepté cette réclusion au nom d'une esthétique frôlant souvent le ridicule – les fameuses chopines du XVIe siècle les juchaient sur des talons de quelque trente centimètres ! –, elle n'en a pas moins adopté une attitude très narcissique, doublée d'un comportement de séduction pathologique. » C'est une femme qui écrit cela : la psychologue Bénédicte Antonin. Elle développe : *« Le talon haut est perçu comme un instrument de pouvoir dans la séduction ; il transforme miraculeusement une silhouette et même une façon d'être, ou plutôt une façon de se montrer. Mais il apparaît aussi comme un engin de torture, enfermant les coquettes dans de terribles souffrances. Ce talon n'en demeure pas moins une invitation à la sensualité débridée, à la provocation, et rassure la femme dans sa féminité.*

« Il suffit d'observer la petite fille qui, rêvant de talons hauts, joue à la dame en chaussant les escarpins de sa mère. Cette attitude, a priori anodine, déclenche son imaginaire, car non seulement elle se projette en tant que femme en devenir, mais

aussi parce qu'elle sait inconsciemment toute la charge symbolique présente dans la chaussure, que l'on retrouve notamment dans les contes. Ainsi, le syndrome Cendrillon réveille un fantasme d'idéal puisqu'une pantoufle de vair balaye subitement le cours d'une vie, métamorphosant souillon en princesse. »

D'après le *Harper's Index*, « *les talons hauts font ressortir les fesses de 25 % environ* » (tout est dans le « environ »). La colonne vertébrale se redresse, les seins ressortent davantage. Alfred Kinsey, l'un des pères de la sexologie (1894-1956), observait déjà il y a plus d'un demi-siècle : « *La jambe féminine adopte alors la même attitude que pendant l'orgasme, le pied se tend jusqu'à s'aligner avec le mollet.* » Linda O'Keeffe, auteur du best-seller mondial *Chaussures*[12], ajoute à la précision : « *La cheville en tension et le pied dans le prolongement de la jambe sont les signes quasi biologiques de disponibilité sexuelle. Le talon aiguille impose au pied une position que les anthropologues appellent "parade de séduction". Le centre de gravité se déplace vers l'avant, la courbe des reins s'accentue, les jambes s'allongent, le cou-de-pied devient sinueux comme un cou de cygne... L'effet de suggestion est tel qu'aucun homme ne peut y rester insensible.* »

---

12. *Shoes,* Ullmann Publishing, 2005.

Serait-ce là une manifestation esthétique de ce que La Boétie avait nommé la «servitude volontaire»? Bénédicte Antonin retourne les clichés féministes: «*Si l'homme, sous le prétexte fallacieux d'un hommage à la beauté, a soumis la femme à immobilité et à souffrance, femme, elle y a consenti pour mieux pouvoir le dominer.*»

La romancière américaine Jody Shields résume: «*Les femmes font des kilomètres pour trouver les chaussures de leurs rêves, mais ce sont les hommes qui se pâment à leurs pieds.*» Une expression qui peut effectivement se prendre au pied de la lettre.

Jusqu'à preuve du contraire…

Pourquoi les coups de foudre ne durent-ils pas éternellement ?

Vous connaissez le refrain : Plaisir d'amour ne dure qu'un jour. Si vous ne le connaissez pas, patience. Vous le connaîtrez un jour.

Au début, tout commence pourtant magnifiquement, comme par enchantement. Tristan et Iseult, Héloïse et Abélard, Belle et Sébastien. Rien n'est plus agréable au monde que de serrer dans ses bras l'être aimé. Rien de plus indispensable. N'importe quelle peccadille cause une joie immense, à condition de l'accomplir ensemble : marcher sous la pluie, couper du bois, changer la roue du scooter. Pourquoi ce miracle ?

Nous l'avons vu : notre vie sentimentale est en rapport avec l'activité du cerveau. Lorsque nous sommes amoureux, il se produit sous notre crâne l'activation de plusieurs zones ultrasensibles, notamment celle que les neurobiologistes appellent « le système de plaisir ». Il porte bien son nom, le bougre.

Stimulé par la noradrénaline, le système de plaisir sécrète des endorphines qui procurent un sentiment de plénitude. Après analyse, on a découvert que ces stupéfiantes molécules s'apparentent à la famille des opiacés, c'est-à-dire des dérivés de l'opium. Une drogue dure. Sauf qu'il s'agit là d'une drogue endogène, c'est-à-dire qu'elle provient de l'intérieur de l'organisme et non de l'extérieur.

Le plus réjouissant, c'est que la présence de l'autre suffit à entretenir la stimulation. Il y a production d'endorphines chaque fois qu'on est deux. D'où attachement, pour ne pas dire dépendance.

Or le besoin de plaisir se renforce de lui-même. Chaque moment passé avec l'être aimé en accroît la nécessité. Plus les tourtereaux se voient, plus ils veulent se revoir. Et on les comprend. Traduisez en langage chimique : plus ils sécrètent d'endorphines, plus ils veulent en recevoir.

Le problème, c'est que le cerveau, seul producteur, est incapable d'en fournir au-delà d'un certain seuil. Impossible soudain d'augmenter les doses !

C'est à cet instant fatal, et paraît-il inéluctable, que les ennuis commencent. Voilà pourquoi les coups de foudre ne durent pas éternellement. L'ivresse semble s'estomper peu à peu. C'est imperceptible ; cela semble catastrophique. Chacun croit ne plus être aimé, puisque l'autre n'est pas ostensiblement plus amoureux que la veille. Les amants s'apparentent en cela aux alcoolos et aux junkies :

une partie de leur satisfaction réside dans l'augmentation des doses.

Vous venez d'atteindre ce seuil crucial ? Rassurez-vous. L'amour ne fuit pas. Il se stabilise. Mais en équilibre instable. La difficulté et le bonheur consistent à le maintenir sur cette crête.

Comment ?

Toutes les pages de la littérature ne suffiraient pas à le raconter. Toute la science du monde n'a jamais percé le mystère.

Certains l'ont pourtant vécu.

Jusqu'à preuve du contraire…

Pourquoi la mariée est-elle toujours en blanc?

Même les célibataires savent de quoi je parle. Vous l'avez tous remarqué en sortant de la messe le samedi, juste avant que le cousin Victor ne se pique une cuite à la réception donnée dans le hall de l'hôtel. Les belles mariées sont toujours en blanc. Et même les moches. Ça n'a donc rien à voir avec un quelconque souci esthétique. Alors pourquoi?

Vous allez me dire que ça a un rapport avec la pureté et la virginité. Mouais… Reste à prouver que la mariée est vierge à l'heure du mariage. Et seconde objection: pourquoi, dans ce cas, le marié est-il toujours en noir?… Bref, l'explication sexiste ne tient pas.

L'heure est venue de dépasser les a priori. Jusqu'au milieu du XIXe siècle, la mariée avait plutôt l'habitude d'être vêtue dans des couleurs vives, voire criardes: rouge, jaune, bleu vif. Pas franchement *casual*, mais très gai. Enfin, ça faisait son petit effet festif et prometteur.

Jusqu'à ce jour de février 1858. Le 18. Que s'est-il passé le 18 février 1858 ? À Lourdes, une jeune paysanne de 14 ans, Bernadette Soubirous, voit la Vierge en apparition. Et pas qu'un peu : dix-huit fois jusqu'au 16 juillet de la même année. Elle le fait savoir partout : au curé, aux parents, aux amis, à tout le village. Les prêtres puis les bigots puis les journalistes puis la France puis l'Europe entière sont au courant de la révélation de Bernadette. Elle a vu la Vierge, dans une grotte. Et la Vierge était habillée... en robe blanche.

La mode était lancée, on ne pouvait plus l'arrêter.

Et vive la mariée !

Jusqu'à preuve du contraire...

Pourquoi bande-t-on quand on se réveille au petit matin ?

Les garçons l'ont remarqué, quand ils se réveillent souvent à l'aube avec le lit en forme de chapiteau. Victor Hugo parlait de « *matin triomphant* ». Les Anglais appellent ce phénomène *morning glory* (c'est au passage le titre du premier album d'Oasis).

Le principe de l'érection est basique : la verge est un corps caverneux qui se remplit de sang quand survient l'excitation. À l'entrée, il y a comme un clapet qui bloque, c'est l'arrivée en phase normale (dans le cas inverse – le clapet reste indéfiniment ouvert –, le sujet est qualifié de « priapique », et c'est là une maladie très douloureuse). Pendant le sommeil, messieurs, votre cerveau ne contrôle pas, ou plutôt différemment, l'entrée de sang dans le corps caverneux.

Involontaires évidemment, inconscientes souvent (à moins que vous ne fassiez un rêve érotique semi-éveillé), ces érections nocturnes surviennent en moyenne trois fois par nuit. Pas à n'importe quel moment: pendant le sommeil paradoxal, c'est-à-dire la phase pendant laquelle on rêve. Ce phénomène a en outre pour objet d'oxygéner la verge pour la nourrir. Aucun érotisme là-dedans. Hélas pour la demoiselle à côté, qui s'imaginait déjà en objet de fantasmes. Ou tant mieux pour elle, si elle a encore envie de dormir.

Mais on peut toujours rêver…

Jusqu'à preuve du contraire…

Pourquoi a-t-on des envies particulières (farfelues ? bizarres ?) quand on est enceinte ?

— Chaton, il me faut absolument des fraises !

— Mais chérie, il est quatre heures du matin…

— Oui, je sais. Mais je les veux maintenant !

Qui ne connaît pas la scène ? Les femmes enceintes ont envie de fraises en hiver, de riz au lait avec de la salade verte, de quatre-quarts exclusivement industriel trempé dans de la chicorée, bref, de tas d'aliments plus étranges ou écœurants les uns que les autres. On en a même vu déguster des chenilles grillées sur le marché de Hanoi (alors qu'en temps normal, il faudrait la payer pour regarder «Koh-Lanta»)!

Quand une femme est enceinte, son métabolisme change, d'une part, et son organisme a des besoins nouveaux, d'autre part. Elle a besoin de beaucoup de sommeil, d'une alimentation particulièrement saine… Les fameuses envies correspondent à des carences que son corps repère et veut corriger. C'est pourquoi elles sont aussi impérieuses.

On considère qu'une grossesse complète représente une dépense d'énergie de 80 000 kcal (ou calories) pour la femme, soit environ 285 kcal par jour. Les besoins spécifiques concernent surtout les protéines et les glucides, mais aussi le calcium, les vitamines, les lipides… à des degrés divers.

Revenons à ces envies impérieuses. Si les besoins sont rationnels, la façon de les combler ne l'est pas toujours. Les envies sont soudaines, les dégoûts, rédhibitoires. C'est l'afflux d'œstrogènes qui augmente la sensibilité aux odeurs et peut expliquer la bizarrerie des choix : la femme serait plus sensible à ces choses qu'elle ne sent pas d'ordinaire.

Voilà pourquoi certaines femmes enceintes se ruent sur le chocolat – riche en fer – ou encore sur les fruits frais pleins de vitamines. D'autres élisent la viande rouge alors qu'elles n'y touchent pas ordinairement.

Toutes ces envies, même les plus excentriques, sont le signe d'un besoin spécifique. Les médecins recommandent de les suivre. Sauf, évidemment, s'il s'agit d'alcool. Après trois litres, ce n'est plus de la soif, c'est de la gourmandise.

Jusqu'à preuve du contraire…

Pourquoi les hommes sont-ils préoccupés par leurs cheveux et leur ventre, alors que les femmes sont obsédées par tout leur corps ?

Observez les mecs juste avant un cocktail, dans le vestiaire : ils se recoiffent, ils rentrent leur ventre, avant de pénétrer dans la grande salle.

Les femmes, elles, se scrutent de partout : les bras, les cuisses, les mollets, le ventre, la poitrine, les mains, et jusqu'aux ongles de pied… Pourquoi la totale pour elles, et pas pour eux ? Certes, il y a une grande différence entre nous : dans la vie citadine, les hommes ne sont jamais en robe moulante ni en escarpins ajourés. On leur demande d'avoir une chemise propre, pas les orteils vernis. En costume-cravate, pas d'inquiétude niveau aisselles ou décolleté. Mais pourquoi cet intérêt localisé autour du crâne et du nombril ? Pourquoi pas la bouche et les oreilles ?

L'un des plus fameux chirurgiens esthétiques de Paris, le Dr Ohana, explique : « *Très clairement, les hommes ne demandent pas un embellissement mais le rajeunissement, et cela, quelle que soit leur catégorie socioprofessionnelle.* »

En vingt ans, la proportion d'hommes ayant recours à la chirurgie plastique a grimpé de 5 % à plus de 15 %. La greffe de cheveux est l'acte le plus pratiqué. Ils sont plusieurs milliers à s'offrir l'opération chaque année en France, et 33 000 en Europe[13]. Au Brésil, pays précurseur dans le domaine de la chirurgie plastique, l'opération masculine la plus courante est désormais la liposuccion (27 000 lipoaspirations du ventre chez les Brésiliens en 2012).

Par transitivité, les découvertes en matière de sexologie font la fortune des chirurgiens esthétiques. Avec l'augmentation de la durée de vie et l'arrivée des traitements de la dysfonction érectile (Viagra, Cialis, etc.), les hommes veulent rester performants le plus longtemps possible pour profiter de l'existence. Ajoutez à cela que les retraités sont la catégorie dont le pouvoir d'achat est le plus élevé.

Vous le découvrez au fil de ces pages, la sélection naturelle demande que les femmes se doivent de séduire les hommes ; inversement, ceux-ci doivent

---

13. Année 2001. Source : ISHRS.

les rassurer, et par là se présenter comme jeunes et en bonne santé, en termes biologiques : détenir les bons gènes et ensuite bien élever les enfants à naître. Or les cheveux de papa sont un marqueur de jeunesse, et son ventre un indicateur de santé.

Le ventre : musclé ou ferme, proéminent ou plat, c'est lui chez l'homme qui indique la ligne générale ; alors que chez la femme les hanches, les fesses et la poitrine y prennent une grande part. Dans les magazines masculins genre *Men's Health*, une couverture sur deux est consacrée aux abdos.

Les cheveux : la calvitie disqualifie. L'alopécie androgénétique (le nom savant de la perte de cheveux ordinaire) se manifeste généralement entre 40 et 50 ans, elle touche en moyenne 70 % des hommes. Sept sur dix ! Or, à la télévision, qui exige que ses vedettes séduisent la ménagère de moins de 50 ans, cette proportion est très faible. Voyez par exemple les animateurs de TF1 : pour un Lagaf la boule à zéro, combien de Nikos Aliagas, Christophe Dechavanne, Arthur, Jean-Luc Reichmann, Denis Brogniart, Jean-Pierre Foucault, tous en cheveux[14] ? J'aurais voulu faire une comparaison avec les autres chaînes historiques, mais je n'ai trouvé aucun chauve parmi les animateurs de M6, pas davantage sur les chaînes publiques France 2

---

14. Notons que dans cette liste, un seul n'a pas le ventre plat.

ou France 3. Après les minorités visibles, voici la majorité invisible.

Les hommes sont moins préoccupés par leur apparence que les femmes, car ils ne misent que très rarement sur leur physique pour séduire. Consciemment ou non, ils veulent donner à voir qu'à part leur portefeuille et leur sens de l'humour, ils sont en parfait état de fonctionnement. D'où ces complexes localisés : ventre et cheveux.

Ce n'est pas un hasard si le premier des Français, le président de la République, s'y adonne : régimes à répétition et teintures noir corbeau. Avant qu'il n'accède à l'Élysée, on le surnommait « M. Petites Blagues ». Comme quoi, l'humour et un bon job ne suffisent pas.

Jusqu'à preuve du contraire…

Pourquoi y a-t-il autant de jolies femmes trentenaires et quarantenaires célibataires ?

«Au lycée, ils traînaient en bande. À la fac, idem. Après 30 ans, c'est fini! Toutes les filles vous le diront: à cet âge-là, les hommes qu'on rencontre sont soit gays, soit accompagnés.» Le magazine *Elle* attaque ainsi sa grande enquête intitulée «Où sont les hommes?». En janvier 2014, l'hebdo féminin consacre pas moins de six pages au sujet, qui fait en outre la couverture. Car c'est devenu un phénomène de société: il existe un «surcélibat» féminin contemporain. Certes, certaines filles sont invivables – comme j'imagine certains hommes. Mais là n'est pas le propos. La tendance n'est pas un phénomène récent. En 1975 et 1976, France Inter proposait déjà une émission de service: «Jeune, jolie, mais seule», avec François Jouffa au micro. Chaque semaine, une auditrice célibataire

malgré elle venait se raconter à l'antenne, et éventuellement trouver l'âme sœur.

Comment expliquer que de plus en plus de femmes, bien sous tous rapports, cultivées, jolies, indépendantes financièrement, se retrouvent seules ?

Les femmes représentent 52 % de la population, mais cela ne suffit pas à justifier cette différence. Car les hommes du même âge et du même milieu social trouvent facilement leur moitié. Même après un divorce, et même avec des enfants. Alors pourquoi cet écart ?

« Plus une femme est diplômée, plus elle risque de rester seule, constate Élisabeth Tissier-Desbordes, professeur à l'ESCP. *Concrètement, entre 30 et 50 ans, la moitié des femmes célibataires appartient aux catégories supérieures, tandis que les hommes célibataires sont plutôt ouvriers ou employés. »* C'est Pascal Lardellier, professeur et essayiste, spécialiste en communication, qui en donne la raison : *« Parce que traditionnellement, la mobilité sociale matrimoniale des femmes est supérieure à celle des hommes. »* En clair : les femmes se marient ou tentent de se marier avec des hommes situés au-dessus de leur condition sociale précédente. Elles veulent « épouser un riche », comme on disait autrefois dans les campagnes.

Or, statistiquement, plus vous visez haut dans l'échelle sociale, moins la population est nombreuse. C'est là que le bât blesse. Pascal Lardellier ajoute : « *Un couple formé d'une femme très diplô-mée et d'un homme qui a le niveau bac reste une transgression.* » Transgression, le mot est fort, mais les faits sont têtus. Certains domaines professionnels comme la santé, l'enseignement ou la justice sont devenus majoritairement féminins. La santé, justement, est un admirable observatoire : tout se passe dans un lieu clos et relativement mixte, l'hôpital. « *Il y a pléthore de chirurgiens qui ont fait leur vie avec une aide-soignante,* m'explique un anesthésiste d'un grand hôpital public parisien. *Inversement, je ne connais pas un seul cas de femme chirurgien qui ait épousé un brancardier.* »

Certes, des rencontres se font. Elles ne sont pas impossibles, mais à haute tension. Et là aussi, cela se complique. Un brin dépitées, les rédactrices de *Elle* constatent que ça peut très vite coincer : « *Si les femmes exigent que leur compagnon partage les tâches ménagères avec elles, elles attendent que la rencontre amoureuse les cueille, les excite, les exalte... Et, surtout, les emporte loin des préoccupations quotidiennes.* » Tout et son contraire, si je puis me permettre. À ce sujet, le sociologue Daniel Welzer-Lang révèle l'effet pervers de la réduction des inégalités homme/femme : « *Ayant appris à gérer l'espace domestique, les hommes estiment avoir moins besoin d'une compagne.* » À croire que la serpillière a infligé aux femmes une double peine : avant, puis après la libération féministe.

Quid des sites de rencontres ? En dépit des apparences, Internet ne simplifie pas la donne : il transforme la vie quotidienne en supermarché de l'amour dont les clients exigent que les objets en rayon soient parfaits, alors que dans la vraie vie, on s'accommode des défauts de l'autre. Supermarché ? Client ? Je n'invente rien : la femme qui jette un homme dans son Caddie est justement le visuel du site adopteunmec.com.

Le magazine *Elle* a listé ce que les femmes demandent à l'homme contemporain tout en s'interrogeant si ce n'est pas trop. Je vous laisse juge. Texte intégral : « *On le rêve… Crapule mais intègre… Rêveur mais lucide… Irrésistible mais fidèle… Musclé mais intello… Rustique mais citadin… Loquace mais mystérieux… Brut mais profond… Viril mais serviable… Doux mais torride… Baraqué mais délicat… Courageux mais raisonnable… Drôle mais sérieux… Bon vivant mais immortel.* »

Un mec normal, quoi.

Jusqu'à preuve du contraire…

Pourquoi les testicules sont-ils à l'extérieur du corps ?

Je ne vous ferai pas l'affront de vous décrire le fameux service trois-pièces sans l'aide duquel ni vous ni moi n'arpenterions cette Terre, tant il a rendu de services à l'humanité, ne serait-ce que sur le plan génital.

Faites appel à votre mémoire visuelle, et considérez maintenant l'ensemble : l'organe mâle et ses deux pendentifs.

Une aberration !

Vous conviendrez aisément que tous les organes vitaux doivent être protégés. C'est pourquoi l'organisme cuirasse délicatement le cœur, les poumons, le foie, les ovaires chez la femme. Et surtout le cerveau !

D'accord pour que l'arbalète pende ou se dresse au vu et au su de tous (et de toutes) : il faut bien communiquer avec le monde environnant (certaines courtisanes lettrées la nomment fort à propos le trait d'union).

Mais les valseuses : pourquoi se baladent-elles à l'extérieur de l'enveloppe corporelle ?

Les bourses contiennent les testicules qui permettent de fabriquer les spermatozoïdes, et de produire les hormones sexuelles mâles.

Les deux orphelines ne se tiennent pas toujours à la même hauteur. Léonard de Vinci en personne s'en était ému et l'avait immortalisé. Par temps froid, elles sont comme plaquées entre les cuisses. Lorsqu'il fait plus chaud, détendues, elles ballottent nonchalamment au gré des mouvements et des courants d'air.

Les sexologues David Elia et Jacques Waynberg nous enseignent que *« ces variations s'expliquent par la présence d'un muscle thermorégulateur, le dartos, inclus dans la peau des bourses. Un muscle très "intelligent", puisqu'il a pour fonction de maintenir à l'intérieur des bourses une température constante de 35 °C : cette température est idéale pour le fonctionnement et le meilleur rendement des testicules ».*

Le dartos fonctionne comme un thermostat. Il plaque les testicules contre le corps lorsqu'il faut les réchauffer (par temps froid), et les écarte lorsqu'il faut les rafraîchir (par temps chaud).

Schématiquement – très schématiquement –, les spermatozoïdes sont ainsi conservés en chambre froide, à 35 °C. Pour attendre quoi ? L'orgasme. Ce n'est qu'une fois qu'ils se retrouvent lâchés dans la moiteur du corps féminin, à 37,2 °C et souvent plus, qu'ils se mettent à vibrionner pour atteindre le Graal tant convoité : l'ovule. Si nos testicules étaient maintenus au chaud à 37 °C, les spermatozoïdes n'en pourraient plus. Et nous avec.

Voilà pourquoi Dame Nature a exposé les bijoux de famille aux intempéries.

En contrepartie, c'est la raison pour laquelle ces joyaux sont si sensibles à la douleur. Afin que leur propriétaire n'oublie jamais d'en prendre soin. Sur un coup franc à vingt mètres face aux buts, les footballeurs ne le savent que trop.

Jusqu'à preuve du contraire…

Pourquoi, quand une fille n'aime vraiment pas un garçon, dit-elle qu'elle « ne peut pas le sentir » ?

On imagine la rencontre : à l'apéro après le travail, ou dans une boîte de nuit, avec en prime des ronds de sueur sous les bras. Repoussant ? Pas si vite. Alors, seraient-ce les remugles du déodorant « Axe 3 en 1 à l'eau déshydratée » ? Non plus, même s'il est manifeste que la dulcinée n'a aucune envie de retrouver ce fumet sur son oreiller.

Quand on pense « olfaction », on pense à juste titre « nez », qui est effectivement l'organe de l'olfaction. Mais dans le nez, se trouvent en fait deux organes. Ces deux récepteurs ont un mode de fonctionnement très différent, et captent des molécules de nature différente.

Le psychologue Romain Guilloux explique : *« L'organe le plus primitif, qui se trouve chez l'homme à la base du nez, a une importance considérable chez les animaux, parce qu'il règle beaucoup de comportements, et en particulier le comportement sexuel. Il est branché directement sur le système émotionnel, et il met en branle en particulier toute la cascade des réactions hormonales et sexuelles. Cela passe par l'hypophyse. Il n'a pas ou très peu de communications avec le cerveau dit "supérieur".»* Le psychologue ose une analogie : *« Quand un chien perçoit l'odeur typique d'une femelle sexuellement réceptive, il ne "sait" pas que cette femelle est prête pour l'accouplement. Concrètement, il ne se dit pas : "Oh ! Cette petite chienne commence à m'intéresser." Par contre, il sait que lui, il doit envisager de copuler au plus vite. Il ne connaît vraisemblablement pas l'odeur, mais sa réaction à lui ne lui laisse aucun doute.»*

Cet organe, dit «voméro-nasal», existe aussi chez nous, humains. Quelle part prend-il dans notre comportement ? Les chercheurs ne l'ont pas encore précisément déterminée. Il ne dirige pas tout. Mais il semble bien actif.

À notre insu, des perceptions olfactives qui ne parviennent absolument pas à notre conscience interviennent sinon dans nos actes, du moins dans la perception immédiate, instinctive, que nous avons de l'autre.

Ces critères d'attraction/répulsion selon lesquels nous trouvons cette femme ou cet homme irrésistible (ou insupportable) résultent en partie d'indices biologiques signalant la qualité de son génome. Ces informations sont véhiculées par les phéromones, du grec *pherein* (φέρειν), «transporter», et *hormon* (ὁρμή), «exciter». Ces substances chimiques produites par les glandes endocrines ou sécrétées avec l'urine (si!) jouent le rôle de messagers chimiques entre les amants.

Les chercheurs ont fait des expériences en demandant à des étudiants de s'asseoir dans une salle d'attente dans laquelle se trouvaient plusieurs fauteuils. Préalablement, ils avaient demandé à des jeunes filles de passer la journée avec, sous les aisselles, une bande de gaze. Ils ont découvert que les garçons choisissaient davantage que les simples lois du hasard les fauteuils imbibés par cette matière pourtant inodorante (évidemment, les expérimentateurs ont ensuite changé les fauteuils de place pour que le choix des garçons ne soit pas «géographique»).

Des expériences tout aussi édifiantes ont été menées auprès de femmes vivant en communauté. Cette fois, ce sont elles qui ont été soumises régulièrement à la respiration de tampons de gaze, préalablement portés par des hommes sous leurs aisselles. Résultat: les femmes voyaient peu à peu leurs cycles menstruels se synchroniser…

La chercheuse Lucy Vincent explique: «*Nos goûts et nos inclinations sont mus par un calcul génétique inconscient. Scientifiquement, il semble bien qu'entre deux personnes, les choses se passent un peu comme entre nos amis les chiens; on se renifle sans s'en rendre compte, et notre cerveau est en attente de certaines molécules odorantes qui servent de code de reconnaissance.»*

Autrement dit, l'expression «ne pas pouvoir sentir quelqu'un», loin d'être une figure de style (comme «mourir de rire» ou «brûler d'impatience»), s'avère une réalité tangible. Avec une magnifique mise en abyme de l'inconscient: l'expression «ne pas sentir quelqu'un» remonte à plus de deux siècles[15], alors que les phéromones n'ont été définies comme telles qu'en 1959.

Que faire de ces découvertes? Après la Californie, l'Angleterre a organisé en juillet 2014 la première *Pheromone Party* en Europe. Le principe est simple: 70 hommes et 70 femmes se rendent à une soirée de *speed dating* avec du linge sale. Sur sa page Facebook, l'organisatrice Judy Nadal explique aux fêtards la procédure: «*Choisissez un T-shirt, dormez avec pendant trois nuits avant la soirée afin qu'il sente votre musc personnel. Enfermez-le hermétiquement dans un récipient en plastique et apportez-le avec vous.*» Le soir venu, les invités de la soirée se choisissent un partenaire en le reniflant, ou plutôt en reniflant son linge sale.

---

15. *Le Robert* situe la première occurrence en 1788.

L'histoire ne dit pas encore si les couples ainsi créés cet été-là connaîtront une durée de vie supérieure aux autres, grâce à leur compatibilité chimique. Ce que l'on sait scientifiquement, grâce à une expérience du laboratoire d'écologie comportementale de l'université d'Oxford qui a réalisé le même genre de test «du T-shirt puant» il y a une dizaine d'années, c'est que les hommes sont en grande majorité attirés par les odeurs de femmes le plus éloignées des leurs. Par conséquent les plus complémentaires génétiquement.

Mais revenons à l'exclamation de départ : celui-là, je ne peux pas le sentir ! Pourquoi la phrase semble-t-elle davantage[16] l'apanage des femmes désignant un homme, plutôt que l'inverse ?

D'abord, il a été établi que l'odorat des femmes est plus développé que celui des hommes ; normal que ce critère soit plus présent chez elles. Ensuite, il y a une moins grande différence d'aspect chez les hommes que chez les femmes. Ce qui signifie en contrepartie que les hommes ont davantage de critères pour exposer leur jugement, fût-il inconscient, au sujet d'une femme : cheveux longs ou courts, robe ou pantalon, jupe courte ou longue, talons ou pas, taille de la poitrine, décolleté ou

---

16. À titre indicatif, la recherche Google « je ne peux pas la sentir » recueille seulement 137 000 occurrences, et « je ne peux pas le sentir » 782 000. Plus de cinq fois plus !

non, maquillage ou non, manucure ou non, etc.
Pas la peine forcément de s'en remettre à l'odeur.
Même en boîte de nuit, avec des ronds de sueur
sous les bras. Et pas que sous les bras.

Jusqu'à preuve du contraire…

Pourquoi les lions ont-ils une grosse crinière et pas les lionnes ?

No, my lady, ce n'est pas pour faire joli.

No, sir, ce n'est pas pour avoir l'air méchant.

En fait, la crinière est un accessoire indispensable à tous ceux qui se battent à coups de dents, pour tuer leur adversaire. Vous en doutez ? Essayez de planter vos crocs dans une crinière de lion, et vous comprendrez !

Très bien, allez-vous rétorquer, mais si la crinière protège à ce point de l'égorgement, pourquoi les léopards ou les panthères n'en ont-ils pas ? Et surtout, pourquoi pas de crinière non plus chez l'animal qui ressemble le plus au lion, à savoir sa compagne : la lionne ?

Very good questions, ladies and gentlemen. Ce qui différencie le lion des autres félidés, c'est que le roi des animaux, lui, ne chasse pas. C'est la lionne qui s'en charge. Le lion est en haut de la chaîne des prédateurs. Le rôle du mâle est de se reproduire, donc de supplanter ses rivaux, puis de protéger son territoire, et son clan. D'où le magnifique attirail prévu à cet effet autour du cou. Alors que les tigres et les tigresses, les chats et les chattes chassent indépendamment de leur sexe.

Les chattes chassent, les chattes chassent, les chattes chassent… Tcha-tcha-tcha !

Jusqu'à preuve du contraire…

Pourquoi les femmes aiment-elles autant les fleurs ?

Oscar Wilde soupirait : « *Ah, les fleurs ! ces légumes qui plaisent tant aux femmes…* »

On ne va pas refaire ici le débat entre le superflu et le nécessaire. Considérons que les fleurs et ce qui s'y rattache sont de l'ordre de la décoration. Donc du superflu. Sauf que, vous offrez des hortensias à une femme, elle fond. Mais si vous lui offrez uniquement le cache-pot qui va avec, elle vous le jette à la tronche : pourquoi pas une yaourtière tant que t'y es ?! Pourtant, c'est bien utile un cache-pot. Et ça peut resservir.

Les études marketing indiquent que les fleurs sont achetées à 80 % à destination des femmes. Et pas qu'un peu. En France, c'est un marché de 1,7 milliard d'euros (dont 75 millions rien que pour la fête des Mères) !

Les fleurs sont une dépense à part. Une vraie preuve d'amour, car périssable, et sans autre but que de se suffire à elle-même. C'est la différence avec un sac à main ou une bicyclette qui peuvent vous faire des années. Les fleurs fanent, les fleurs coûtent des sous, les fleurs sentent le rance sur la fin, et même dans la poubelle. À part le plaisir sadique de voir un organisme vivant mourir lentement dans un vase, quel intérêt objectif? Aucun. Et c'est au fond justement cela, cette absurdité, qui peut se révéler séduisante. «C'est toujours plus beau lorsque c'est inutile», dit la maxime.

L'homme doit faire la démonstration de son envergure. Il offre des bouquets, des bijoux, au restaurant c'est lui qui régale. Ostensiblement. Le bellâtre qui roule en Lamborghini dans Paris peut prêter à sourire. C'est effectivement absurde : à quoi bon sortir son bolide de sport là où il est interdit de dépasser le 50 km/h? À ceci près qu'ainsi, il affiche aux yeux de tous que, s'il peut s'offrir le superflu, c'est qu'il possède déjà le nécessaire. Dans beaucoup d'espèces animales, le mâle n'obéit pas à une autre stratégie pour séduire. L'ornithologue israélien Amotz Zahavi a appelé ce phénomène le «principe du handicap». Chez le paon par exemple, la queue du mâle qui lui permet de faire la roue afin de séduire les femelles se trouve être par ailleurs un handicap physiologique. Ce surpoids et cet encombrement le ralentissent dans sa course et dans son vol (contrairement aux défenses de l'éléphant ou aux dents du tigre qui sont des atouts biologiques).

Zahavi s'est spécialisé dans la biologie de l'évolution. Il explique ce comportement apparemment mortifère de Mme Paon : se choisir un géniteur handicapé en cas de danger. Les femelles préfèrent précisément ces mâles *« à la queue imposante »*, car ils ne pourraient pas survivre à leur handicap *« s'ils ne disposaient pas de gènes supérieurs à ceux des mâles "normaux" »*.

Revenons aux rues de la ville. Sans sa rutilante Lambo, le businessman aurait peut-être pu s'offrir un appartement encore plus spacieux, ou une maison de campagne. Oui, mais il serait peut-être célibataire, en tout cas pas en compagnie de la femme qu'il convoitait.

Quoi ?! Vous n'avez pas 450 240 euros à claquer dans une Lamborghini Aventador cabriolet ? Pour mille fois moins cher, vous pouvez offrir des roses et des pivoines ; chaque jour, un nouveau bouquet.

Au moins pendant trois ans.

Jusqu'à preuve du contraire…

Pourquoi n'y a-t-il pas de femme championne de Formule 1 ?

Il suffit de regarder la liste des multichampions du monde pour s'en convaincre : Fangio, Stewart, Lauda, Prost, Senna, Schumacher, Vettel : aucune femme parmi eux. Alors, pourquoi cette question ? La Formule 1 n'est-elle pas un sport d'hommes ? Justement non ! Son règlement partage avec l'équitation le splendide privilège d'être sans limites d'âge, et surtout mixte (la Française Janou Lefèbvre a été championne du monde de saut d'obstacles en 1970 et 1974). Il y a déjà eu des femmes en F1 ; l'Italienne Lella Lombardi est la seule à avoir marqué des points au championnat du monde. Elle a terminé 6e du Grand Prix d'Espagne 1975 sur une March. Un exploit inégalé depuis. Même si trois femmes ont déjà été inscrites (Giovanna Amati, Divina Galica et Desiree Wilson), aucune n'a réussi à se qualifier.

Pour quelles raisons n'y a-t-il pas davantage de femmes sous les casques ? Les patrons d'écurie seraient-ils d'affreux machos ?

Pas du tout. Ou alors s'ils le sont, ils sont avant tout obsédés par deux choses : la performance, j'y reviendrai, et l'argent, car la F1 est un sport qui coûte cher, très cher (suivant les teams, de 200 à 500 millions de dollars par saison). Or une femme pilote ne manquerait pas d'attirer les sponsors, donc des capitaux. La raison est à aller chercher ailleurs.

Avant l'argent, les écuries vénèrent un premier totem : le chronomètre. Il se trouve que pour l'instant les femmes ont été moins rapides que les hommes. Pour une raison physique. En dépit des apparences, la Formule 1 est un sport qui demande d'énormes qualités musculaires et d'endurance. Le coup de volant ne suffit pas. Durant un Grand Prix, en moins de deux heures, les pilotes peuvent perdre 3 litres d'eau. Ils encaissent des forces considérables durant les accélérations, les grandes courbes et surtout les freinages : en bout de ligne droite, jusqu'à 5,5 g, c'est-à-dire plus de cinq fois leur propre poids[17]. Imaginez que votre tête se mette à peser soudain 33 kilos, au lieu de 6 kilos normalement avec le casque. Et dans les grandes courbes passées à fond avec 4 g d'accélération

---

17. Le *g* est l'attraction terrestre verticale naturelle.

latérale, ce sont 24 kilos qui tirent à droite ou à gauche sur vos vertèbres cervicales ! Or il se trouve que les femmes possèdent 25 % de masse musculaire de moins que les hommes. À poids égal. Quel rapport avec le chronomètre ? Élémentaire : en fin de course, moins vous êtes fatigué, plus vous êtes lucide. Et plus vous êtes lucide, plus vous roulez à la limite de vos capacités, donc plus vous êtes rapide.

Depuis 2014, l'Écossaise Susie Wolff est pilote d'essai de Williams F1. Mais rien de convaincant pour l'instant. J'avoue n'avoir qu'une envie : que ses performances aux essais soient telles qu'elle obtienne un volant pour la saison 2015. Et qu'elle déboîte le champion du monde en bout de ligne droite. Les machos vont faire une drôle de tête. Femme au volant, plaisir au tournant.

Jusqu'à preuve du contraire…

Pourquoi les hommes ont-ils connu plus de partenaires que les femmes ?

La fille qui se réserve, le garçon qui papillonne, c'est l'image d'Épinal. Mais c'est aussi le résultat d'enquêtes menées avec le plus grand soin. La dernière en date, «contexte de la sexualité en France», a été réalisée par l'Inserm[18] en 2006. Pas moins de 12364 hommes et femmes de 18 à 69 ans ont été interrogés par téléphone. Un volet portait sur le nombre de rencontres sexuelles au cours d'une vie. Selon l'Inserm, l'écart entre les femmes et les hommes n'est pas anecdotique : *« Il résulte que les nombres moyens de partenaires sexuels des femmes et des hommes apparaissent très différents : 4,4 pour les femmes versus 11,6 pour les hommes en 2006. »* En gros, les femmes auraient

---

18. Institut national de la santé et de la recherche médicale.

connu en moyenne quatre partenaires au cours de leur vie, alors que les hommes en connaîtraient douze. Caramba! Où sont passés les huit coups manquants?

Comme il faut être deux pour pratiquer l'exercice, et à supposer qu'il y a environ autant d'hommes que de femmes hétérosexuels, les deux nombres devraient être sensiblement équivalents. Alors, où réside l'hiatus?

Posez la question dans un dîner. Les théories fusent. En fin de repas, on vous explique que c'est parce qu'il y a «des salopes» qui «se tapent tous les mecs». Admettons qu'elles existent. Et raisonnons.

C'est un banal problème d'arithmétique. Pour se faire comprendre sans être grivois, osons un parallèle avec le football. Chaque année, vingt équipes sont en lice dans le championnat de France. Chaque équipe joue deux fois contre les dix-neuf autres, donc 38 matchs. Certains clubs marquent beaucoup de buts (PSG: 84 buts la saison dernière), d'autres très peu (Nice: seulement 30). Il y a des défenses d'acier (PSG: 23), et des cages dans lesquelles le ballon entre comme papa dans maman (Ajaccio: 72). Or, quels que soient les scores de tous les matchs, le nombre total de buts marqués par l'ensemble des équipes est rigoureusement identique au nombre total de buts encaissés. Si vous gagnez 3-1, c'est que votre adversaire a perdu 1-3. Imparable. Durant la saison 2013-2014,

931 buts ont été marqués. Résultat : la moyenne des buts encaissés est de 46,55 par club, et la moyenne de buts marqués est également de 46,55 (931 divisé par 20).

Revenons à nos galipettes. Si la femme du boulanger a couché avec tout le village, elle fait par là monter la moyenne des femmes du village, équivalente à celle des hommes. Il faut se rendre à l'évidence : ces chiffres de 4,4 et 11,6 sont faux. Quelqu'un a forcément menti. Car il s'agit là de déclaratif. L'Inserm n'a évidemment pas posté un huissier sous le lit de 12 364 personnes depuis leur majorité sexuelle avec un boulier pour faire les comptes (c'est comme pour les sondages de Jean-Marie Le Pen : dans les urnes, le fondateur du FN dépassait souvent 15 %, mais en réponse à un sondeur, seulement 5 à 6 % des gens déclaraient voter pour lui).

Il y a un enseignement à tirer de ces résultats distordus, c'est que le nombre de partenaires déclarés par les femmes est en constante augmentation depuis les enquêtes précédentes, en 1970 et en 1992. Les femmes font-elles davantage l'amour qu'avant ? Pas forcément, même si l'arrivée de la pilule a libéré les mœurs. Car le nombre de partenaires déclarées par les hommes reste stable depuis 1970. Ce qui change, ce n'est pas que les femmes s'envoient plus en l'air, c'est qu'elles ont moins peur de l'avouer. Le débat n'en est pas moins intéressant. D'autant qu'il est possible que de leur côté, les hommes se vantent…

Les chercheurs ne se sont pas contentés de ces anomalies comptables. Ils sont allés plus loin, avec des entretiens personnalisés. Voici leurs conclusions : « *De tels écarts entre les femmes et les hommes traduisent avant tout le fait que les hommes comptent généralement l'ensemble de leurs partenaires, alors que la plupart des femmes ne retiennent quant à elles que les partenaires qui ont compté dans leur vie et qui correspondent à ce qu'elles estiment qu'une relation doit être.* » Autrement dit, inconsciemment ou volontairement, les femmes oublient les coups d'un soir, quand elles sont en mode *Tu t'es vu quand t'as bu ?!?* ; ou quand un début d'histoire a viré en eau de boudin au bout de quelques semaines (*Ce tocard, ça comptait pas*).

L'Inserm ajoute : « *Ces écarts sont à mettre en perspective avec des représentations sociales fondées sur une dichotomie persistante qui, même si elle est moins marquée qu'il y a quelques années, attribue aux femmes une sexualité cantonnée aux registres de l'affectivité et de la conjugalité et aux hommes une sexualité axée sur le désir et la dimension physique.* »

Bref, les clichés ont la vie dure. Pour les fissurer, il suffit parfois d'une calculatrice.

Jusqu'à preuve du contraire…

Pourquoi les filles font-elles pipi dans leur culotte quand elles rient beaucoup (et pas les garçons) ?

Encore une grande injustice de la vie, est-on tenté de répondre (surtout si on est une fille). Cet état de fait est dû à des différences anatomiques.

Quand on pense à l'incontinence, on pense d'abord aux femmes enceintes ou ayant accouché depuis peu. Chez elles, c'est le poids de l'enfant qui, en appuyant sur le périnée, va fatiguer le plancher pelvien, qui soutient les organes du petit bassin, et rendre les sphincters moins performants. Il est généralement nécessaire de suivre une rééducation pour modérer les effets indésirables de cette perte de tonus.

Oui, mais pourquoi des jeunes filles de quinze ans, ou des femmes qui n'ont jamais été enceintes, rencontrent-elles le même souci ? Deux spécialistes, les Drs Saramon et Rischmann[19], expliquent que l'incontinence d'effort – celle qui nous intéresse ici – est liée à «un trouble de la statique pelvienne». C'est-à-dire un relâchement du périnée, lui-même lié à la pression abdominale. Or le rire est l'un des efforts qui exercent la plus grande pression abdominale. Ainsi, sans même le poids d'un enfant, on peut avoir un défaut de tension du périnée. Raison de plus pour l'exercer très jeune, afin de préparer l'avenir.

Les hommes ne rencontrent pas ce genre de problème parce que leur anatomie est différente. Si une incontinence est toujours possible, elle est due à une opération de prostate qui peut endommager le sphincter situé à sa sortie.

Que de fous rires en perspective!

Jusqu'à preuve du contraire...

---

19. Dans la revue *Progrès en urologie*, 1997, p. 137-148.

Pourquoi avons-nous des poils sous les bras ?

« Linda de Suza a maigri de 500 grammes : elle vient de s'épiler les aisselles. » Les Nuls avaient dit vrai. Chacun d'entre nous a des poils qui lui poussent sous les bras. L'implantation des zones pileuses chez l'homme et sa compagne obéit à des objectifs de sensualité maximum. Les buissons de poils qui poussent çà et là jouent le rôle de piège à odeurs, on l'a vu, ils retiennent les phéromones ; ce qui aiguise et augmente le désir de votre partenaire. Sur le pubis, près du sexe, c'est compréhensible : c'est là que ça se passe ! Mais sous les bras ?

Dans son best-seller mondial *Le Singe nu*, le génial zoologiste Desmond Morris a étudié l'espèce humaine comme s'il s'agissait d'un animal comme les autres. Avec objectivité et sans affect. Ses découvertes n'en sont que plus déroutantes : *« L'emplacement de nos zones spécialisées dans la production d'odeurs semble être encore une adaptation à notre façon de procéder par la face anté-*

rieure aux contacts sexuels.» En clair: c'est parce que contrairement aux autres animaux, nous faisons généralement l'amour face à face. Desmond Morris poursuit: *«Il n'y a rien d'extraordinaire en ce qui concerne le centre odoriférant génital: c'est là un trait que nous avons en commun avec bien d'autres mammifères, mais la concentration dans la zone des aisselles est un trait plus inattendu. Il semble en rapport avec la tendance générale de notre espèce à ajouter de nouveaux centres de stimulation sexuelle sur la face antérieure du corps. Dans ce cas, le phénomène aura pour résultat de maintenir le nez du partenaire à proximité d'une importante zone de production d'odeurs durant une bonne partie de l'activité précopulatoire et copulatoire.»*

Et dire que tant de dames s'épilent sous les aisselles en croyant se rendre plus désirables ainsi! Tout le monde peut se tromper. La plus belle fille du monde ne peut donner que ce qu'elle croit avoir.

Jusqu'à preuve du contraire...

Pourquoi les filles achètent-elles des vêtements qu'elles ne mettent jamais ?

« *Mon fantasme absolu, ce serait de me faire l'avenue Montaigne en achetant tout ce qui me fait envie, sans même demander les prix, et même des choses que je ne suis pas sûre de mettre !* » C'est Lisa Azuelos qui parle[20], la réalisatrice de *LOL*, le film aux quatre millions d'entrées, qui raconte l'histoire d'une maman (Sophie Marceau) et de son adolescente de fille.

Cela ne manque pas d'étonner les garçons : quel intérêt de claquer ses économies du mois – et même son découvert – dans une paire de bottes qu'on ne va porter qu'une fois l'an ? Faire chauffer la carte bleue sur un coup de tête, OK, mais pour un achat qui ne restera pas au fond d'un placard :

---

20. *Elle*, 8 mai 2006.

une chaîne hi-fi, un VTT en carbone, des grands vins, ou même un vêtement de luxe, un costume ou un imperméable, qui finira par s'user à force de l'avoir sur le dos. Mais un blouson hors de prix qui prend la poussière : non !

Pourquoi cette différence dans nos achats compulsifs ?

Certes, il y a un argument imparable quand les filles racontent leurs folies vestimentaires : je ne rentre plus dedans… Quand vient l'été, 5 kilos de plus, et la magnifique robe fourreau peut ressembler à un emballage de salami. Mais les bottes : aucune *fashionista* n'a jamais vu ses pieds grandir en cours de saison…

Ah, la fièvre acheteuse ! Les économistes connaissent cette loi : le plaisir de maintenant vaut davantage que le plaisir plus tard. La loi est mixte, mais c'est la loi. Les neurologues rejoignent là les commerçants : se laisser aller à un achat pour le plaisir n'est pas seulement une question de discipline morale ou financière, il s'agit aussi de biologie.

Ces découvertes sont récentes. Elles viennent de l'IRM, l'imagerie par résonance magnétique.

Beaucoup de nos décisions, donc de nos décisions d'achat, sont gouvernées par les émotions, et donc par certaines zones de notre cerveau. Il existe des différences significatives entre le cerveau des personnes qui épargnent, et celui de celles qui se laissent régulièrement aller à flamber. Les neuro-biologistes ont si bien identifié les circuits en jeu dans l'acte d'achat qu'ils ont été capables d'activer chez des patients le sens de l'épargne, et de désactiver l'envie de dépenser. Les régions concernées sont le cortex moyen préfrontal, ainsi que le *striatum* ventral, une zone profonde du cerveau. Quand une personne choisit de reporter un achat, c'est-à-dire d'attendre d'avoir l'argent, l'activité dans ces deux zones chute, et décroît d'autant plus que l'achat est programmé loin. Bref, c'est moins agréable.

Le professeur Zak, de l'université de Claremont (Californie), cible une hormone particulière : l'ocytocine, également appelée l'hormone de l'amour, pour le rôle qu'elle joue dans l'attirance amoureuse ou l'instinct maternel. L'ocytocine réduit l'anxiété et permet par là de prendre des décisions plus sereines, plus conformes à notre intérêt. Paul J. Zak va plus loin : *« C'est ce qui explique que les personnes socialement heureuses, bien entourées, épargnent davantage. »* Inversement, certains semblent acheter un objet non pas pour le posséder, mais pour le pur plaisir d'acheter. Il a été observé que les enfants de parents divorcés dépensent plus que les autres. Les scientifiques le justifient par le fait qu'ils ont souvent été trop gâtés par des parents culpabilisateurs. Aux États-Unis, les enfants de parents divorcés terminent leurs études avec des dettes supérieures à celles des autres élèves.

Tout cela ne répond pas à notre question de départ : pourquoi les femmes sont-elles les championnes du shopping ?

Le site spécialisé futura-sciences.com (spécialisé en sciences, pas en shopping) résume une étude de la John Molson School of Business : « *On sait que le cycle menstruel influe sur certains comportements féminins. Mais jusque-là, on ignorait tout de son impact sur la consommation des femmes. En résumé : lorsqu'elles sont fertiles, elles dévalisent les boutiques de vêtements et de cosmétiques, quand elles ne le sont plus, elles se ruent sur la nourriture.* » Quelle explication avancer ? Le professeur Gad Saad se sert de la théorie darwinienne : « *Ce comportement inconscient remonte à très loin dans l'évolution humaine. Ainsi, lors de leur période de fertilité, les femmes (peut-être pouvait-on parler de femelles à cette époque reculée) se focalisaient davantage sur des opérations de séduction auprès de leurs mâles, constituant un moyen de rechercher le partenaire au bon moment. Car à l'époque, aucun spécialiste ne tenait pour elles un calendrier afin de leur préciser quand elle pouvait faire un enfant. Voilà quelles en seraient les répercussions sur la femme de la société moderne.* »

Le professeur Daniel Kruger de l'université du Michigan corrobore cette analyse. Dans un article scientifique publié en 2009 dans une revue scientifique de psychologie[21], il affirme qu'il faut remonter à l'âge des cavernes pour comprendre pourquoi les femmes adorent faire les soldes et pas les hommes : à l'ère des chasseurs-cueilleurs où les femmes se chargeaient de la cueillette et les hommes de la chasse. *« Nous avons maintenant la preuve que les compétences, les aptitudes et les comportements très utiles pour la chasse et la cueillette dans les sociétés de chasseurs-cueilleurs se manifestent encore dans notre société de consommation moderne »*, affirme Kruger. Ce docteur en psychologie assure que la femme actuelle qui court les boutiques de mode pour trouver la bonne affaire reproduit simplement le comportement de sa lointaine ancêtre à la recherche de racines comestibles. *« Comme celle-ci, elle retourne régulièrement sur les lieux où elle sait faire une bonne "récolte", elle préfère rester à proximité de son domicile, et utilise des repères sur le terrain pour se diriger. Pour rapporter une nourriture saine, la dame de jadis étudiait attentivement la couleur, la texture et l'odeur. Sa consœur moderne consacre autant d'attention au choix des caractéristiques d'un tissu.*

---

21. « Evolved foraging psychology underlies sex differences in shopping experiences and behaviors », dans *Journal of Social, Evolutionary, & Cultural Psychology*, décembre 2009, cité par *Le Point*, 3 décembre 2009.

« L'homme n'agit pas ainsi. Généralement, en partant du domicile pour un achat, il a déjà une idée précise en tête, il se rue dans le magasin repéré à l'avance, achète et revient aussitôt à son domicile. Un peu comme l'homme des cavernes qui partait à la chasse, tuait la bête et s'empressait de la rapporter avant qu'elle ne pourrisse. »

Très prudent, et honni par les féministes – ceci expliquant en partie cela –, Daniel Kruger répète qu'il ne juge personne et ne fait qu'effectuer un constat qui aidera, espère-t-il, *« chaque sexe à mieux comprendre les habitudes de l'autre »*.

Chiche ? OK. Rendez-vous au rayon bijoux.

Jusqu'à preuve du contraire.

Pourquoi les hommes se serrent-ils la main pour se dire bonjour (alors que les femmes s'embrassent) ?

Cela vous paraît tellement naturel que vous n'y faites plus attention. Les mecs se secouent la pogne pour se saluer. C'est tellement vrai que pour se dire au revoir, on se serre aussi la main. Généralement la même.

Pour quelle raison ?

La question n'est pas aussi élémentaire qu'il y paraît.

Car il n'en a pas été toujours ainsi. Il y aurait mille manières de se dire bonjour, comme le pittoresque salut esquimau nez contre nez. Sous l'Antiquité, à Sparte, à Rome, à pied ou à cheval, les hommes se saluaient d'un simple geste de l'avant-bras. Cette politesse s'est répandue et pratiquée à peu près partout en Europe au Moyen Âge. Puis, sans qu'on en date précisément l'origine, les gentilshommes ont commencé à se serrer la main.

Pourquoi ?

Parce que la date n'est pas précise, justement.

OK, la bonne blague… Mais pourquoi le serrage de pogne ?

À cette époque rude et sauvage, les chevaliers, les nobliaux, les négociants, les marchands, les bandits de grand chemin, en un mot les hommes, les vrais, portaient en permanence sur eux un petit poignard. Ils n'hésitaient pas à le sortir à la moindre alerte. Que survienne une rencontre : un simple salut du bras ne suffisait pas à les renseigner sur les intentions – pacifiques ou belliqueuses – du nouveau venu.

En revanche, en serrant sa paume contre celle du visiteur, on vérifiait ainsi qu'il n'était pas armé.

Certains esprits perfides prétendent que cette technique de cordiales salutations a été perfectionnée par les Anglais, qui secouaient en sus le bras de l'impétrant (pour faire choir son éventuelle dague). Le fameux *shaking hands*, traduit littéralement : « Secouons-nous les mains. »

Quoi qu'il en soit, c'est pour les mêmes raisons pratiques que les femmes ne se serrent pas systématiquement la main, mais embrassent au contraire leurs connaissances sur la joue. Traditionnellement, dames et demoiselles n'étaient pas armées. Sinon d'un sourire. Et le code de la chevalerie interdisait toute agression envers le beau sexe. Désarmant.

Jusqu'à preuve du contraire…

Pourquoi les vélos de femme n'ont-ils pas de barre au milieu ?

Que vous ayez l'esprit mal ou très mal tourné, vous l'avez remarqué : le vélo d'homme a une barre au milieu. Plus précisément, le cadre d'une bicyclette pour mâle présente sa barre supérieure parallèle au sol. Sur un vélo de femme au contraire, la barre du dessus rencontre le tube de la fourche beaucoup plus bas, seulement quelques centimètres au-dessus du pédalier.

C'est valable en plaine comme en montagne : les mountain-bikes de femmes n'ont pas de barre horizontale, contrairement à la version masculine. Résultat : ça fait moins « montagnard » ; ça fait montagnarde.

Pourquoi pas de barre ? Parce que les femmes sont plus petites que les hommes ? Certainement pas. Les différences de taille entre les sexes – si je puis me permettre – ne sont pas suffisantes pour justifier cet ostracisme. Car dans ce cas, les coureurs de poche comme les légendaires Van Impe ou Chiappucci chevaucheraient eux aussi un vélo de femme dans les courses cyclistes.

La véritable explication est que les créateurs du vélo furent de galants hommes. Qui n'ont jamais perdu de vue la pudeur ni la dignité du sexe faible.

La bicyclette sous sa forme actuelle a été inventée en 1880. C'est l'Anglais Starley qui eut l'idée de la roue arrière motrice grâce à une chaîne. En cette fin de XIXe siècle, les femmes ressemblaient encore à des femmes. Autant dire qu'elles portaient des jupes et des robes. Et les pères de la petite reine n'ont pas voulu que leurs épouses dévoilent jupons, jarretières et culotte en soulevant la jambe pour la passer par-dessus la barre.

Il y avait tant d'autres occasions pour cela.

Jusqu'à preuve du contraire…

Pourquoi les chaînes de télévision diffusent-elles si tard les films d'épouvante et les films érotiques ?

D'abord, la loi vous protège. Ou vous frustre, c'est selon. Il est strictement interdit de programmer à 20 h 50 *Boucherie à la tronçonneuse* ou *La pompiste n'a pas de culotte.* À cause des mineurs qui pourraient se trouver devant le poste ; car ces films sont interdits en salles aux moins de 18 ans.

Ce qui conduit à une deuxième interrogation. Les chaînes croulent habituellement sous les lettres puis les mails de téléspectateurs en colère : Pourquoi telle émission littéraire passe-t-elle si tard ? Quel scandale, le gala du cirque à 23 heures, alors que les petits sont au lit ! Il m'a fallu attendre minuit pour voir du handball !

Or les seuls à ne pas se lamenter des horaires tardifs sont les amateurs et amatrices de frissons, qu'ils soient déshabillés ou déchiquetés (les frissons, pas les amateurs). Pour quelle raison ?

Parce qu'ils n'ont pas sommeil une fois que leur film a commencé. Et pour cause : la peur et le désir sexuel sont les deux seules émotions qui maintiennent l'homme éveillé en toutes circonstances. Et même la femme. Question de survie de l'espèce. Aux temps préhistoriques – et même avant –, après s'être nourri, il fallait se protéger et se reproduire. Pas question de dormir si un ours rôdait dans le secteur, ou si un adulte mâle dégottait une compagne chaudement disposée à lui offrir son corps et ses baisers paléolithiques. L'hypothalamus et l'adrénaline se chargeaient, et se chargent toujours, de vous garder les yeux ouverts et le cœur battant (alors qu'on peut s'endormir en ayant faim, soif, trop chaud ou trop froid).

Voilà pourquoi, des centaines de milliers d'années plus tard, les films d'épouvante comme les films érotiques réalisent de si bons scores à l'Audimat, en dépit de l'heure avancée de leur diffusion.

Un couple de mes amis m'a pourtant pris à partie : « L'autre soir, je me suis endormie devant *L'Exorciste*…

— Et moi, je me suis endormi devant *Soumises et sodomisées*… »

C'est que, face à l'écran, madame n'avait pas peur. Et monsieur pas envie.

Jusqu'à preuve du contraire…

Pourquoi les jolies femmes sortent-elles généralement avec les hommes riches ?

*« Tu as déjà vu des femmes
qui aiment les pauvres ? »*
Marcel PAGNOL, *Topaze.*

Comme moi, vous voudriez croire à la légende de la ravissante princesse qui épouse, folle d'amour, le vilain petit ramoneur, plus pauvre que Job. Hélas, ce n'est qu'un conte. De fées. Et les fées, par les temps qui courent, on n'en croise pas tous les matins…

Comme moi, fille ou garçon, vous avez bien souvent regretté que les plus belles sortent invariablement avec les plus friqués. Déjà au collège, en quatrième, le canon de la classe se laissait allègrement tripoter par un demeuré acnéique, mais qui avait une moto.

Comptez le nombre de top models suspendus au bras des rois du pétrole, de la canne à sucre, du bouchon de radiateur, ou du T-shirt sans manches.

À l'inverse, impossible d'imaginer un milliardaire, malgré son front crevassé par le soleil des Bahamas et les contrôles fiscaux, prêt à tout pour une borgne boudinée recalée aux éliminatoires de «Tournez manège!». On le comprend.

Mais les femmes, les croyez-vous vénales à ce point?

Madame, mademoiselle, sincèrement, pourriez-vous épouser un nabab demi-chauve et bedonnant rien que pour son argent?

Je vous entends d'ici: non, évidemment. Et je vous crois. Vos sœurs sont comme vous. Elles agissent réellement par amour. Ce qui ne fait qu'accroître le mystère. Par quelle ironie du sort les plus jolies femmes paradent-elles invariablement auprès des nantis? Pourquoi pas le contraire, au fait?

Remontons aux réflexes d'origine de notre ancêtre de Néandertal, vieux de 35 000 ans. *« En devenant érudit*, écrit Desmond Morris, *l'*Homo sapiens *n'en est pas moins resté un singe nu; en acquérant de nouveaux mobiles élevés, il n'a perdu aucun de ceux, beaucoup moins nobles, qu'il a toujours eus. »*

La plupart des singes et des gorilles vivent en communauté selon une hiérarchie sociale rigoureuse, maintenue par un mâle dominant. Comment se forment les couples ? Les zoologues ont attentivement étudié les mobiles du choix du partenaire chez nos cousins les primates.

Dans les espèces où le mâle choisit sa femelle, on constate que le chef de clan sélectionne presque invariablement la femelle la plus féconde, pour la pérennité de la race serions-nous tentés de dire. Son rôle de tyran est de tous les instants. Ce qui ne l'empêche pas d'être le singe le plus actif sexuellement de la communauté.

Dans les espèces où les femelles choisissent leur partenaire, l'observation démontre qu'elles ont avantage à élire un mâle possédant un territoire où la nourriture est abondante. Par conséquent le plus puissant possible.

De nos jours, notre société n'exige plus pour sa survie des hommes musclés comme des orangs-outangs, ni des épouses « reproductrices » capables de pondre à la chaîne une marmaille de dix enfants. Cependant, nous subissons encore, inconsciemment, l'ancestral système hiérarchique. Les enjeux n'ont pas disparu : ils se sont déplacés.

Aujourd'hui, la richesse apparaît comme une métaphore de la puissance physique ; et la beauté, comme métaphore de la fécondité.

« La différence est fondamentale entre l'érotisme masculin et féminin. L'érotisme masculin est touché par le corps, par la beauté physique, par le charme,

119

et non pas par la place dans la hiérarchie sociale ou par le pouvoir. » Telles sont les conclusions du fameux sociologue italien Francesco Alberoni. Il constate : « *Cette différence se manifeste aisément dans les comportements les plus quotidiens. Les femmes dont les photos s'étalent au fil des pages des revues pour hommes telles que* Penthouse *ou* Playboy *ne sont pas réputées pour leur statut social qui, le plus souvent, n'est même pas mentionné. Que telle poitrine soit celle de la présidente de la General Motors ou celle de sa secrétaire ne présente pas le moindre intérêt. Au contraire, dans les revues féminines, le statut social n'est jamais oublié. La femme veut trouver des hommes célèbres, importants, pas le premier venu.* »

De leur côté, les politologues (et les politiciens) ont régulièrement observé que le pouvoir et l'attirance sexuelle allaient de pair. Pour quelle raison ? Ils ne le savent pas encore clairement. Mais on cerne désormais le mécanisme… chez les poissons.

Russell Fernald, un neurologue de l'université de Stanford (États-Unis), a établi un lien entre la réussite sociale et la puissance sexuelle. Au cours de ses recherches aquatiques, il s'est aperçu que dès qu'un poisson devenait chef de banc, on constatait chez lui une croissance rapide des cellules de l'hypothalamus.

Concrètement : le chef de banc nouvellement promu accomplissait tout à coup des exploits sexuels, et sa production de sperme se multipliait par huit ! Hélas, dès qu'à son tour le nouveau chef est supplanté par un jeunot, toutes ces mutations disparaissent.

C'est pourquoi, à Bali (Indonésie) comme à Garges-lès-Gonesse (Val-d'Oise), les belles femmes sortent encore et toujours avec les plus fortunés.

Jusqu'à preuve du contraire…

Post-scriptum : En 2002, Pawlowski et Koziel, deux psychologues polonais, ont procédé à une expérience en demandant à des centaines d'hommes et de femmes de passer une annonce de rencontre dans un journal local, mais aussi de lire les annonces déposées. Chacun et chacune pouvait à sa guise mettre en avant tel ou tel critère (âge, taille, poids, niveau d'éducation, situation sociale, lieu de résidence, etc.) ; en retour, il lui était également demandé si ces critères étaient pertinents pour lui/ elle.

Le tableau suivant synthétise les résultats :

Évocation de caractéristiques
dans les annonces

	homme	*femme*
Attrait physique présenté :	*27,9 %*	*39,4 %*
Ressources présentées :	*38,8 %*	*26,1 %*
Ressources attendues :	*15,8 %*	*25,3 %*

Les chercheurs ont conclu que les sujets sont stratégiques et mettent en avant ce qui est attendu par la source, ce qui intéresse l'autre.

Dans le détail, d'autres enseignements sont apparus. Commençons par l'homme. Niveau d'éducation : plus il est diplômé, plus il reçoit de réponses. Ressources : un homme avec des revenus confortables reçoit plus de réponses. Son âge : un homme d'âge mûr reçoit davantage de réponses. Sa taille : un homme grand reçoit plus de réponses. Comparons ces résultats avec ceux des femmes. Niveau d'indication : plus son niveau scolaire est élevé, _moins_ une femme obtient de réponses. Son poids : plus il est élevé, moins elle reçoit de réponses. Son âge : plus elle est jeune, plus elle obtient de réponses. Sa taille : plus elle est grande et _moins_ elle reçoit de réponses.

Pawlowski et Koziel écrivent : « _Les résultats confirment le fait que les femmes s'intéressent à ce qui touche aux revenus et à la réussite sociale tandis que les hommes s'attachent davantage à ce qui a trait au physique._ »

Pourquoi les hommes boivent-ils plus que les femmes ?

Vous l'avez tous remarqué, à table, ou dans les films de Claude Chabrol : à de rares exceptions près, les hommes boivent plus que les femmes. Entre deux bouchées, ils passent leur temps à lever le coude. Et pourtant, en fin de banquet ou de déjeuner d'affaires, c'est toujours une femme le plus pompette, qui raconte aux concurrents les projets confidentiels de sa société, ou, mieux, qui danse nue sur la table (à mon grand regret, je n'ai jamais été témoin de cette scène, mais je l'ai admirée cent fois dessinée dans l'*Almanach Vermot*, miroir impitoyable des traditions gauloises).

Pour autant, les représentantes du beau sexe ne boivent pas en cachette. Alors quoi ? Simplement, elles sont plus sensibles que les hommes à l'alcool, car l'enzyme qui le dégrade, l'alcool déshydrogénase, est deux fois moins active chez elles.

À quantité absorbée égale, la diffusion de l'alcool est plus rapide chez les femmes, et le degré d'alcoolémie un tiers plus important dans le sang féminin. Affaire de sucs gastriques, croit-on.

Prosaïquement, s'il ne faut aux dames que trois fonds de porto pour ressentir un tiède enchantement éthylique, l'homme, lui, réclamera une demi-bouteille pour parvenir au même degré d'ébriété. C'est son foie qui va être content.

Amis poètes, parlons «cirrhose». Selon les recherches menées par l'équipe italienne du professeur Frezza, si la consommation en alcool des femmes était limitée à 80 grammes par jour (l'équivalent d'un litre de vin), on observerait 72 % de cirrhoses féminines, contre seulement (!) 42 % chez le sexe opposé.

À partir de 55 ans, l'homme «claque» 2,3 fois plus que la femme. Principaux fossoyeurs : le cancer (40 % des causes de mortalité après 55 ans) ; et les maladies cardio-vasculaires (30 %).

L'alcool tient évidemment sa part de responsabilité. Verre après verre, même si l'esprit reste lucide, c'est l'organisme entier qui trinque.

À votre santé !

Jusqu'à preuve du contraire...

Pourquoi les actrices sont-elles belles quand elles pleurent ?

Vous l'avez remarqué au cinéma : il n'y a rien de plus beau, de plus émouvant qu'une femme qui pleure. Souvenez-vous d'Isabelle Adjani dans *La Gifle*, de Romy Schneider dans *Sissi*, ou de Liv Tyler dans *Armageddon*.

Pourquoi nos actrices préférées sont-elles si séduisantes en larmoyant, alors que dans la vraie vie, pleurer boursoufle la peau, enfle les paupières, et fait rougir le nez. Sans compter le mascara qui coule...

Comment font-elles ?

Elles ont un truc. C'est qu'elles ne sont pas tristes du tout. Mais elles maîtrisent parfaitement la technique théâtrale. En clair : elles ont appris à pleurer.

C'est une méthode de respiration très complexe qui met en jeu les abdominaux. Une sorte de halètement, qui ne cause aucun chagrin, mais qui déclenche l'apparition des larmes. D'autre part, les vraies stars ne grimacent pas ; au contraire, elles esquissent un sourire (on sait que le rire et les pleurs sont deux expressions très proches).

Mais attention : il leur faut des années d'entraînement pour parvenir à un résultat concluant et faire fondre les spectateurs.

Essayez pour voir : c'est à pleurer de rire.

Jusqu'à preuve du contraire…

Pourquoi l'amour existe-t-il ?

L'amour est partout. Dans toutes les têtes et sur toutes les bouches. Il fait marcher le commerce et battre le cœur. Que serait la presse dans l'horoscope ? Que serait l'horoscope sans la rubrique cœur ? On n'y fait même plus attention. Et pourtant, l'amour est une exception. Je ne parle pas de vous. Je parle du lombric, de la girafe, du coléoptère, de la tortue, des écrevisses. Bien rares sont les espèces où l'amour existe. La nôtre est unique : c'est la seule à lui dédier la Saint-Valentin.

Pourquoi l'amour existe-t-il ? Je sais : la question semble étrange. Pourquoi l'amour n'existerait-il pas ? Madame girafe vit très bien sans le père de ses enfants. Et réciproquement : monsieur girafe ne s'en porte pas plus mal non plus. Ils se sont vus, ils se sont plu, ils se sont accouplés, et basta ! Inutile ensuite de faire les présentations à la belle-famille. Pour la prochaine grossesse, chacun des deux ira voir ailleurs.

Au fait, avez-vous déjà vu un girafon sortir du ventre de sa maman ? Il s'ébroue, se dresse tant bien que mal sur ses pattes, chancelle un peu, puis commence à marcher. Rien de tout ça avec le petit humain, qui a besoin de longs mois avant de se tenir debout et encore plusieurs semaines pour gambader. La parole elle aussi se fait attendre. Le jour de sa naissance, le bébé n'est pas autonome, c'est comme s'il était prématuré. Sauf que la couveuse, c'est maman. Le petit homme meurt s'il n'est pas couvé. Vous allez me dire que les chatons ne gambadent pas non plus en sortant du ventre de leur maman, qu'ils se traînent comme des larves dans sa couche. Oui, mais ils ont de la fourrure. Grâce à quoi ils peuvent rester des heures sans elle, pendant qu'elle est allée chasser.

La femme enfante après neuf mois de grossesse seulement. Pourquoi « seulement » ? Car, contrairement aux apparences, la gestation humaine serait de dix-huit mois. En tout cas, ce serait la gestation idéale, le moment où le bébé pointerait le bout de son nez, déjà capable, comme de nombreux autres mammifères, de se débrouiller seul – ou presque. Il est curieux que la nature, qui fait si bien les choses, ait laissé perdurer ce handicap… Pourquoi ce manque de perfectionnisme ?

Serait-ce parce que les humains, grâce à l'amour maternel, sont plus aptes à protéger leurs rejetons que les animaux ? Pas du tout. N'inversons pas les causes et les conséquences. En fait, l'explication est mécanique...

Si le bébé restait plus longtemps dans le ventre de sa mère, la taille de son crâne augmenterait et l'empêcherait alors de franchir les os du bassin, et donc de venir au monde !

L'évolution l'explique. L'homme est un animal dont la première arme est l'intelligence. Le cerveau humain est bien plus volumineux que celui de nos cousins les singes, et proportionnellement que celui de la plupart des mammifères. La nature a trouvé ce compromis entre la taille du cerveau, liée en quelque sorte aux capacités cérébrales de son propriétaire, et ses chances de survie dans un milieu hostile, malgré les bras protecteurs de sa mère. Le médecin anthropologue Alain Froment explique : «*À la naissance, notre cerveau ne représente que 23 % de sa taille adulte, contre 40 % chez le chimpanzé et 65 % chez le macaque. Autrement dit, la taille du cerveau homologue à celle du chimpanzé est atteinte à six mois chez l'homme. C'est la date à laquelle nous devrions mettre au monde si le schéma chronologique était le même dans les deux espèces.*»

Voyons les choses sous un autre angle : le diamètre de la boîte crânienne du bébé est à peine inférieur à la cavité du bassin féminin. Et c'est également pour cette raison, parce qu'elles enfantent, que les femmes ont les hanches plus larges que les hommes.

On en est là. Au XXIe siècle comme à la préhistoire. La jeune maman des cavernes doit s'occuper de nourrir son petit. Oui, mais qui va la nourrir, elle ? Si elle s'absente longtemps, si elle part à la chasse, ou à la cueillette, son petit peut mourir de froid, de soif, ou se faire dévorer par un prédateur.

Il faut donc un lien entre le mâle et la femelle pour la nourrir. Au moins un. S'il n'y a pas d'amour, le mâle ne chasse pas pour la femelle, et par conséquent leur enfant meurt. L'amour est donc constitutif de l'espèce humaine. Du fait que les enfants naissent prématurés.

Raisonnons par l'absurde : supposons l'irruption sur Terre d'une sous-espèce humaine chez laquelle l'amour ne fait aucun effet (seul le désir existe). Ils copulent, puis les bébés naissent, puis meurent. En conséquence, ils ne deviennent pas adultes. Et donc ne sont plus là pour se reproduire à leur tour. On ne peut pas vivre sans amour.

Jusqu'à preuve du contraire…

Pourquoi les hommes ont-ils des tétons alors qu'ils n'allaitent pas ?

C'est une question qui hante l'homme depuis des millénaires. À quoi servent ces tétons, pas plus utiles que deux extincteurs sur une planche de surf ?

Une alternative, et deux hypothèses qui ne cadrent ni l'une ni l'autre : soit ces tétons servent à quelque chose, mais à quoi ? L'homme, le mâle, serait-il incomplet sans allaiter ? Soit, inversement, les tétons masculins sont purement décoratifs, pour ne pas dire superflus, et dans ce cas Dieu a failli.

La controverse agite encore les théologiens. Et la *queer theory* entre en piste : serait-il possible que les mecs donnent le sein ? La question est posée sérieusement. Il n'est pas une semaine sans qu'un article explique aux hommes qu'ils doivent retrouver «leur part de féminité». Passerait-elle par l'allaitement ?

Au XIXe siècle, Charles Darwin, fondateur de la théorie de l'évolution, a supposé que nos lointains ancêtres mammifères, mâles et femelles, auraient indistinctement nourri leur progéniture, avant que les espèces n'évoluent, et qu'au fil des millions d'années cette fonction se soit éteinte.

Stupeur en 1992 dans la forêt de Kuala Lumpat en Malaisie : le zoologiste canadien Charles Francis découvre une race de chauves-souris appelées diascoptères, dont les mâles présentent des mamelles fonctionnelles : elles délivrent du lait quand on les presse. La quantité n'est pas mirifique en comparaison de celle fournie par leurs femelles, mais suffisante pour faire patienter les bébés quand la mère s'est absentée. Cette découverte semble prouver que les tissus mammaires des mammifères mâles sont similaires à ceux des femelles. Ce qui manque ? Un environnement hormonal différent.

Quelques exemples d'hommes allaitant leur progéniture ont été rapportés, notamment par Livingstone en 1856 en Écosse, à la même période par le naturaliste allemand von Humboldt au Venezuela, et plus récemment en Inde en 2002.

Le phénomène de l'allaitement masculin a aussi été observé dans d'autres cas, rares, de galactorrhée pathologique (oui, galactorrhée, comme dans Galak, le chocolat au lait d'Oum le dauphin ! On a les hellénismes qu'on peut…). La cause de cette production de lait est une tumeur d'une glande (dite glande pituitaire) qui provoque à son tour une sécrétion de la glande prolactine. Et la prolactine, comme son nom l'indique, est l'hormone qui stimule la production de lait. On a d'ailleurs parfois observé des cas de lactation masculine causée par des traitements hormonaux de la prostate.

Bref: on a bien compris que ces cas étaient extrêmes. Ils ne répondent pas à la question: pourquoi les hommes ont-ils des tétons, tels deux phares sans ampoule?

Il faut remonter au stade de l'embryon pour comprendre. Les premières semaines, seul s'exprime le chromosome X, le chromosome féminin, y compris chez les garçons. Pendant six semaines, le développement est asexué, ou plutôt indifférencié. Tout change à la sixième semaine de vie fœtale. Si c'est une fille, un second chromosome X va entrer en jeu et induire la formation des organes féminins (vulve, utérus, ovaires) et générer la production d'hormones féminines comme l'œstrogène et la progestérone. Si c'est un garçon, c'est le chromosome Y qui déboule. Il va commander la formation des organes mâles (pénis et testicules), baignés par l'arrivée de l'hormone masculine, la testostérone. Mais entre-temps, le petit embryon unisexe avait déjà lancé la fabrication des tétons. Il est trop tard pour revenir en arrière. Chez le garçon, ils ne bougeront plus, restant à l'état de mamelles rudimentaires, pour ainsi dire fossilisées.

Un mystère scientifique éclairci. Une aubaine pour les boutiques de piercing.

Jusqu'à preuve du contraire...

Pourquoi les énormes start-up informatiques sont-elles toujours dirigées par des hommes ?

Quand j'étais très jeune, dans les années 1980, on m'expliquait que toutes les grandes industries appartenaient à de grandes familles, et à des hommes, car il fallait d'abord un énorme patrimoine de départ pour monter une multinationale de charbon, d'automobile, de textile, etc. Sans parler de la confiance des banques, détenues par des banquiers, lesquels hommes par principe et par préjugé ne faisaient pas confiance aux femmes (cf. les fameuses « deux cents familles » dénoncées par le Front populaire). Ma mère prophétisait : « *S'il était possible de créer de la richesse à partir de rien, ou seulement de son esprit, tu verrais qu'il y aurait autant de fils de pauvres que de fils de riches qui réussissent, et autant de femmes que d'hommes…* »

Maman a raison sur un point : Steve Jobs, fondateur d'Apple, est un enfant adopté, son père, un Syrien, l'a abandonné faute d'argent. Jan Koum, le créateur de WhatsApp – revendu 19 milliards de dollars –, est un immigré ukrainien, dont la mère faisait des ménages et le père trop pauvre pour quitter Kiev. Sergueï Brin, fondateur de Google avec Larry Page, a émigré d'URSS vers les États-Unis en 1979, sans un kopeck. Et le patron fondateur de Facebook, Mark Zuckerberg, plus jeune milliardaire du monde (fortune estimée à 35 milliards), est le fils d'un dentiste. Rien à voir avec les héritiers Peugeot, Ford, Hilton, Heineken ou Dassault, dont le compte en banque était déjà garni au berceau.

Néanmoins, dans cette liste ne figure aucune femme. Certes, elles ne sont pas absentes de l'informatique. Après treize ans chez Google, Marissa Mayer a été appelée pour relancer Yahoo !, mais ce n'est pas elle qui a créé la société, mais Jerry Yang, immigré chinois dont les parents ont débarqué à San José (Californie) en 1978.

Les utilisateurs d'Internet seraient-ils d'affreux misogynes ? Hors sujet. Quand vous lancez une recherche sur Google, vous vous moquez de savoir si c'est un garçon ou une fille qui a créé l'algorithme. Saviez-vous que Skype a été créé par deux jeunes Danois, puis repris par trois Estoniens ? Instagram monté par un Brésilien et un Américain ?

Selon le site spécialisé Venture Beat, seulement 3 % des start-up ont été créées par des femmes, alors qu'elles représentent la moitié des internautes. Elles sont même majoritaires sur de nombreux réseaux sociaux.

Les femmes ne représentent que 6 % des patrons des cent premières compagnies high-tech aux États-Unis. Et 89 % des fonds destinés à faire naître les start-up technologiques de la Silicon Valley sont dirigés par des hommes, 8 % par des équipes mixtes et seulement 3 % par des femmes. Pourquoi cet abîme ?

Pour fonder une start-up, il faut une bonne idée, une bonne compréhension des besoins et du marché et surtout la capacité de développer sinon tout le code, du moins un démonstrateur de l'idée, une version bêta, afin de trouver des financements du projet. Le code, c'est le langage informatique qu'utilise une application pour exécuter la tâche que vous lui demandez. Dans le cas de Windows ou de Photoshop, ce sont des dizaines de milliers de lignes, austères et arides, que la machine transforme en 0 et 1 binaires. Si vous savez vous-même coder, il ne vous en coûtera rien de plus que des heures passées à taper sur votre clavier, de jour comme de nuit. Si vous ne savez pas coder, il vous faudra trouver un développeur qui peut valoir de l'or. Cette compétence fait toute la différence. Théoriquement, avoir une bonne idée est à la portée de tous. Mais en pratique, ne pas pouvoir la développer soi-même représente une barrière quasi infranchissable. Le mythe du concept génial développé dans son garage a bel et bien existé. Mais on oublie de dire une chose : tous ces innovateurs, les Bill Gates, Steve Jobs ou Mark Zuckerberg, savaient coder.

Les sciences, et l'informatique, seraient-elles réservées aux hommes ? Le cerveau masculin est-il meilleur en maths ? Au début des années 1990, les scientifiques qui se sont penchés sur la question des différences homme/femme ont eu à leur disposition un nouvel outil : l'imagerie médicale. Cette technique permet de suivre les cellules grises et les neurones en action dans le cerveau. L'imagerie médicale n'explique pas tout, loin de là. Mais elle permet d'échapper aux a priori idéologiques et aux élucubrations post-freudiennes.

« En l'état actuel de la science, seuls deux faits sont avérés, prévient Lise Eliot, professeur de neurosciences à l'université Rosalind-Franklin de Chicago. *Le cerveau des hommes est un peu plus gros, à proportion de leur plus grande stature, et celui des filles, mature un peu plus tôt, car leur puberté est plus précoce. »* Impossible hélas d'en prédire des incidences sur leurs performances intellectuelles.

Pourtant, il existe une différence selon les sexes. On dispose à ce sujet d'une gigantesque base de données : l'enquête Pisa, de l'OCDE, qui porte sur plusieurs centaines de milliers de jeunes de 15 ans, dans une trentaine de pays. Que dit-elle ? Qu'il y a un léger avantage aux garçons en sciences. Mais il existe davantage d'écart d'un pays à l'autre qu'entre filles et garçons. Autrement dit : les jeunes Chinoises sont meilleures en maths que la moyenne des garçons de l'OCDE.

« Les stéréotypes ont la vie dure, et très peu de jeunes filles s'imaginent dans une carrière technique ou informatique, très peu se pensent en geek », regrette Natacha Quester-Séméon, qui a créé en France le club Girl Power 3.0, justement pour promouvoir les nouveaux métiers d'Internet et leurs opportunités. *« Les femmes se comportent comme des utilisatrices et des consommatrices, plus que comme des actrices, observe Natacha. Il ne suffit pas de dénoncer cette absence de diversité dans l'industrie technologique, il faut agir en amont sur la perception de ces métiers. Tant que les femmes n'acquerront pas les compétences de base de la programmation et du développement informatique, elles ne partageront pas le pouvoir qui peut en résulter. »*

En France, les étudiantes ne représentent que 23 % des écoles d'ingénieurs. Pire, cette proportion descend à 1 sur 10 dans les écoles de développeurs informatiques. Et pourtant, il manque en France 50 000 développeurs et, selon l'Union européenne, il y a 900 000 emplois vacants dans le numérique en Europe.

Autrement dit, dans tous les sens du terme, les femmes doivent se réapproprier les codes.

Jusqu'à preuve du contraire…

Pourquoi les femmes pleurent-elles plus que les hommes ?

Vous l'avez remarqué devant *Titanic* ou *Autant en emporte le vent*. C'est vérifiable au cinéma comme dans la vraie vie : les femmes pleurent davantage que les hommes. Plus souvent, et plus facilement. Excepté au rugby, où ce sont les joueurs qui pleurent. En général le plus costaud des premières lignes : 120 kilos à sec, l'encolure large comme un conduit de cheminée, une tête cabossée d'enfant de chœur. Il pleure d'avoir gagné, le bougre, inconsolable jusqu'à la prochaine défaite, qui le laissera de marbre.

Les larmes servent de lubrifiant pour les paupières et d'humidificateur pour la cornée. Si nous n'avions plus de larmes, nous deviendrions aveugles. Il ne nous resterait que nos yeux pour pleurer.

Elles contiennent des protéines, autrement dit des neurotransmetteurs, et des hormones (notamment l'ACTH) qui proviennent du cerveau et qui sont liées à l'état d'anxiété. Nous verrons plus loin l'importance de ce détail.

Selon la statistique, les femmes pleurent en moyenne quatre fois plus que les hommes. Prudence : ce n'est qu'une statistique. On connaît des hommasses arides comme le roc, et des mâles qui chougnent (mais ces blancs-becs ne sont pas faits pour le rugby). Bref, en moyenne, c'est quatre fois plus…

Pourquoi ces débordements lacrymaux ? Parce que les femmes possèdent une hormone particulière, la prolactine, en plus grande quantité que leurs époux. Jusqu'à 12 ans, les petites filles ne pleurent pas davantage que les petits garçons. Leurs taux de prolactine sont identiques. Puis, à partir de la puberté, les filles en sécrètent jusqu'à 60 % de plus que les garçons. Forcément, il y a un trop-plein. Il faut é-li-mi-ner. Voilà pourquoi les femmes pleurent plus que les hommes.

Attention : nous ne devons ni mépriser ni réprimer ces sanglots. Les larmes provoquées par une grande émotion débarrassent l'organisme de substances chimiques responsables du stress. Le *Larousse médical* estime que pleurer diminue le stress et la colère de 40 %.

Mesdames, mesdemoiselles, messieurs, à vos mouchoirs !

Jusqu'à preuve du contraire…

Pourquoi associe-t-on le rose aux filles, et le bleu aux garçons ?

Impossible de rater cette distinction, que ce soit dans les baptêmes (événement choisi) ou les publicités (événement subi): les vêtements et les jouets des uns et des autres n'ont pas la même couleur. Dès que les parents connaissent le sexe de leur enfant, ils repeignent la chambre destinée au nourrisson: en rose si c'est une fille, en bleu si c'est un garçon. Le début d'une longue distinction: quelques années plus tard, les garçons se verront offrir un beau vélo bleu quand les filles recevront de jolies poupées roses. Sans les forcer. Généralement, les petites filles réclament du rose, les garçons le récusent. À tel point que lorsqu'un garçon demande une trousse ou un pull rose, ses parents s'interrogent sur son identité.

Mais d'où vient cette association de couleurs? Vous pensez que c'est une tradition sexiste? Eh bien, vous avez raison! Cela remonte à l'Antiquité grecque, où les parents préféraient avoir un garçon plutôt qu'une fille. En effet, les garçons travaillaient et participaient aux revenus de la famille. À l'inverse, avoir une fille était pénalisant : outre qu'elles ne disposaient pas de la même force physique, requise notamment pour le travail aux champs, les filles coûtaient cher. Il fallait économiser pour leur fournir une dot lors de leur mariage. En conséquence, le fait d'avoir un garçon était considéré comme béni des dieux. Aussi lui associait-on la couleur bleue, couleur du ciel, résidence des dieux.

Pourtant, le rose n'a pas toujours été associé aux filles et le bleu aux garçons. Pendant très longtemps, les enfants étaient vêtus de tenues bariolées : leurs habits n'étaient que des reprises de vêtements pour adultes retaillés à leur morphologie.

C'est au Moyen Âge, au XIIe siècle, qu'apparaissent les premiers trousseaux spécifiques pour les bébés. Oh, surprise ! Le bleu, couleur divine de la Vierge Marie, est associé aux filles tandis que le rose, qui n'est qu'un rouge pâle, est dévolu aux garçons. Si *la* rose, la fleur signifiant l'amour, est une valeur attribuée aux femmes, *le* rose, lui, est perçu comme viril. Il n'y a qu'à voir la couleur rose des bas-de-chausses des chevaliers médiévaux.

Et puis, remous de l'histoire, le blanc, image de la pureté et de l'innocence, prédomine pour les deux sexes. De même que la robe que les enfants portent indistinctement jusqu'à l'âge de six ans. On retrouve toujours toutefois sur leur robe blanche un liseré de couleur : rouge pour les garçons et bleu pour les filles.

Au XVIIIe siècle, la tradition antique fait son retour en Occident. À l'apogée des Lumières, la Grèce et son modèle de démocratie constituent pour les penseurs de l'époque une référence absolue. Rejetée pendant des siècles pour être païenne, la culture grecque (et ses symboles) acquiert de nouveau de l'importance. Et avec elle, l'interprétation des couleurs.

C'est alors que Mme de Pompadour entre en piste. Philippe Rouet, un peintre belge, a mis au point une innovation technique et artistique, il a inventé un nouveau rose sur la porcelaine de la manufacture royale de Sèvres. La favorite de Louis XV s'entiche de ce rose, d'une finesse exquise, et la Cour avec elle. La marquise de Pompadour l'impose partout à Versailles, notamment sur les tenues des petites filles, mais aussi les couvre-lits et même les pots de chambre ! Désormais, le rose est associé aux valeurs féminines : beauté, douceur, fragilité.

Les clichés ont la vie dure.

Ne la laisse pas tomber
Elle est si fragile
Être une femme libérée,
Tu sais c'est pas si facile.

Jusqu'à preuve du contraire…

Pourquoi les femmes ont-elles une voix plus aiguë que celle des hommes ?

Vous l'avez certainement déjà remarqué. Dans le cas contraire, deux hypothèses : soit vous êtes sourd, soit vous habitez le bois de Boulogne. Inutile de se boucher les oreilles, revenons à quelques notions élémentaires de physique ondulatoire. La fréquence d'un son, autrement dit sa hauteur, est proportionnelle à la taille de l'élément qui vibre. Schématiquement, plus il est gros ou long, plus le son émis sera grave. Plus il est petit ou court, plus le son sera aigu.

Vérifions dans l'orchestre. Le piccolo a un sifflement plus strident que le hautbois. Le tambourin claque plus sèchement que la grosse caisse. La contrebasse résonne plus gravement que le violon. Sur la guitare, parmi les six cordes de longueur égale, celles qui ont le diamètre le plus fin produisent les notes les plus élevées.

Il en va de même pour tous les corps. Y compris le corps humain.

La voix des femmes est plus aiguë à cause de la taille de ses cordes vocales. Les hommes ont des cordes vocales d'environ 18 millimètres de long, contre seulement 10 pour celles des femmes.

À proprement parler, ces cordes ne sont pas des cordes : elles ressemblent davantage à deux demi-lunes. Leur forme fait bigrement penser aux lèvres vaginales. Ce sont deux membranes situées dans la gorge au niveau du larynx dont la taille varie selon la production d'une note grave ou aiguë et qui collent et vibrent pour émettre un son lorsque l'air passe. Elles sont à la fois des muqueuses et des muscles (d'où l'échauffement des chanteurs, dont les vocalises sont presque comme de la gymnastique).

À l'intérieur de chaque sexe – on me pardonnera cette formule spéléologique –, les individus les plus grands possèdent en général des cordes vocales plus imposantes, donc une voix plus grave. Voilà pourquoi, en somme, Ruggiero Raimondi fait davantage vibrer les fauteuils du premier balcon que, disons, Ève Ruggieri.

L'histoire ne s'arrête pas là. Car on a découvert récemment que les hommes à la voix grave marqueraient plus durablement les femmes que ceux à la voix plus aiguë. Dans tous les sens du terme. C'est la conclusion d'une étude de l'université d'Aberdeen en Écosse. L'information dévoilée en septembre 2011 dans la revue spécialisée *Memory and Cognition* pourrait avoir des implications dans la course à la séduction, mais surtout dans le marketing et la publicité, voire la sécurité et la médecine.

Les équipes de David Smith ont soumis une centaine de femmes à une expérience. Celles-ci ont dû tenter de mémoriser des images d'objets en entendant simultanément prononcer le nom de ceux-ci, soit par des voix de femmes, soit par des voix d'hommes. Après cette phase de mémorisation, les participantes ont été confrontées à deux images différentes du même objet avec pour mission de sélectionner l'image qui leur avait été présentée initialement. Au passage, on leur a également demandé quelle voix elles préféraient.

Résultat : les femmes ont émis une nette préférence pour les voix masculines les plus graves. Plus surprenant : elles ont aussi mieux retenu les informations délivrées par celles-ci. Selon les chercheurs, cette sensibilité féminine à la hauteur des sons serait un résultat de l'évolution. Les femmes auraient acquis la capacité de se focaliser sur les informations venant des hommes perçus comme les plus virils, ou baraqués, donc les plus sécurisants, et par conséquent de meilleurs partenaires potentiels.

Les barytons contrariés vont pouvoir se reconvertir dans les messages GPS.

Jusqu'à preuve du contraire...

Pourquoi dit-on d'un mari cocu qu'il a « les cornes » ?

Même le/la plus fidèle d'entre nous connaît cette sinistre expression. Quand une femme mariée trompe son conjoint, on dit que le malheureux porte « les cornes ». Suivant son degré de cocufiage, on précisera même leur taille : les unes ne dépassent pas quelques centimètres, certaines s'élèvent jusqu'au lustre de la chambre à coucher – qui n'en a plus guère –, alors que d'autres frottent au plafond au point de l'empêcher de remuer la tête.

Le mâle véritable ne connaît rien de plus déshonorant que d'avoir les cornes. Et pourtant, chez les animaux sauvages, du chamois au rhinocéros, en passant par le hanneton, de grosses cornes symbolisent au contraire l'orgueil, la force, en un mot la virilité.

Alors, pourquoi une telle expression ?

Parce que la langue française est merveilleuse de précision.

Imaginez qu'un homme porte physiquement, sur le front, une bonne grosse paire de cornes. Ma foi, il sera le seul à ne pas pouvoir les admirer ! Tout le monde les verra, sauf lui…

«Avoir les cornes» signifie non seulement «être cocu», mais surtout «ne pas le savoir», alors que tout le village est au courant. Et en profite le cas échéant…

Le mot remonte au xve siècle. Il vient du coucou, l'oiseau, dont la femelle passait pour volage. En italien, cocu se dit *cornuto*, qui signifie également «cornu», qui a des cornes.

Mes amitiés à madame. Et gardez confiance.

Jusqu'à preuve du contraire…

Pourquoi les femmes ouvrent-elles grand la bouche quand elles se maquillent les yeux ?

Quel que soit votre sexe, vous l'avez constaté en observant Michel Serrault dans *La Cage aux folles*. Les femmes ouvrent la bouche comme un four pour se parer les cils de mascara.

Bizarre. Elles ne se maquillent pas les dents, pourtant. Pour comprendre, j'ai posé cent fois la question aux jolies femmes de mon entourage. Toutes affirment que c'est un réflexe. Quel genre de réflexe ?

Lorsque nous étions enfants, nous tirions la langue – au sens propre et au sens figuré – quand nous devions réaliser une prouesse : colorier un dessin, tracer à l'encre un « W » majuscule, construire une locomotive en Lego. Selon les pédiatres, cette attitude avait pour but de nous aider à nous concentrer sur ces tâches dantesques.

Le fait d'ouvrir la bouche pourrait n'être donc qu'une réminiscence de ce «tirage de langue» enfantin. Mais cette hypothèse suscite deux objections: pourquoi dans ce cas les femmes ouvrent-elles la bouche, plutôt que de tirer la langue? Et surtout: pourquoi ouvrent-elles la bouche quand elles s'occupent de leurs cils et non plus lorsqu'elles tentent d'autres opérations délicates, comme enfiler une boucle d'oreille?

Un réflexe idiot, disent les misogynes. Un réflexe inconscient, concède l'esthéticienne du coin qui a fermé boutique avant qu'on ait eu le temps de lui faire remarquer qu'un réflexe conscient ne serait plus un réflexe. En tout cas, le misogyne et l'esthéticienne se rejoignent sur un point: dames et demoiselles n'ouvrent pas la bouche par hasard.

Homme ou femme, savez-vous ce que nous faisons chaque jour des milliers de fois sans nous en rendre compte?

Cligner des yeux.

Un acte qui ne dérange rien ni personne. Sauf... celle qui a besoin de s'enduire les cils de mascara. Or ouvrir la bouche en grand atténue fortement le réflexe de clignement des yeux. Essayez devant votre glace pour vous en convaincre.

D'autre part, quand vous écarquillez la bouche, mesdames, vous étirez et contractez les muscles de la face, des joues, mais aussi des paupières. Vos longs cils restent ainsi parfaitement immobiles.

Vous pouvez enfin vous apprêter avec le soin que demande votre chère personne.

Mais pas votre cher mari, impatient, qui vous attend pour sortir.

Jusqu'à preuve du contraire…

Pourquoi avons-nous des poils au pubis ?

Je ne vais pas vous faire un dessin, mais sachez que normalement, hommes et femmes ont des touffes de poils sur le pubis et sous les aisselles, à l'exception notable de Barbie, Ken et des actrices et acteurs de films porno.

À quoi servent ces poils ? Certainement pas à nous tenir chaud. Dans ce cas, ils couvriraient aussi les bras, les épaules, les reins ou l'arrière des genoux ; et les femmes n'en seraient pas moins dépourvues que les hommes.

Contrairement aux cheveux qui prospèrent dès le plus jeune âge, la toison des régions pubienne et axillaire ne se développe qu'à partir de la puberté. Or c'est également à la puberté que nos goûts changent en ce qui concerne l'odorat. Si les enfants préfèrent les odeurs douces et fruitées, quand vient la maturité sexuelle, adolescents et adultes rechercheront désormais les odeurs ambrées, huileuses et musquées. Ce phénomène a été observé chez les femmes comme chez les hommes.

Et alors ? Quel rapport entre l'odorat et la pilosité ?

L'être humain possède en grand nombre de petites glandes sécrétant un produit odoriférant : les glandes apocrines. On en trouve sur presque toutes les parties du corps, mais elles se concentrent plus massivement dans les régions des aisselles et des organes génitaux.

Elles émettent en particulier les phéromones. Ce sont des molécules que l'odorat perçoit inconsciemment, et qui agissent comme un aphrodisiaque sur votre partenaire (voir plus loin au fil de ces pages) ; peut-être le seul philtre d'amour dont la science garantisse l'efficacité, et la non-toxicité.

Par ailleurs, sachez que la mode initiée par l'industrie pornographique de l'épilation intégrale fait des ravages chez les jeunes filles. Dans tous les sens du terme. Beaucoup de gynécologues mettent en garde contre cette guerre absolue du poil. Emily Gibson, directrice du centre de recherche à la Western Washington University, est formelle : *« Ces poils ne sont pas là pour rien. »* Elle explique : *« Ils sont un rempart naturel contre les infections (tout comme les cils protègent nos yeux), ils évitent les frottements lorsqu'il y a eu une coupure... L'épilation des parties génitales provoque des microcoupures, où les bactéries se développent à vitesse grand V, l'entrejambe étant un environnement très moite. »* Davantage que ces désagréments, les spécialistes mettent en garde contre des infections très graves, comme l'herpès ou les staphylocoques dorés. De plus, les microblessures provoquées par l'épilation (rasage ou cire) génèrent un terreau idéal pour développer toutes sortes de maladies sexuellement transmissibles. Chez les moins de 25 ans, dans tous les pays occidentaux, cette mode du glabre relayée par l'industrie cosmétique a causé une recrudescence des MST, chez les filles comme chez les garçons.

Katsuni, Tabatha, il ne vous viendrait pas à l'idée de vous couper les cils ou les poils du nez.

Jusqu'à preuve du contraire…

Pourquoi les présentatrices télé sont-elles parfois confondues avec des potiches ?

Pas de polémique. Je ne vais citer personne, pour ne vexer personne, et procéder par antiphrase. Il est indéniable que dans l'imaginaire collectif, les filles de la télé – journalistes mises à part – n'incarnent pas la quintessence de l'intelligence, ni une abyssale culture encyclopédique. Pour tout dire : elles ont l'air cruche. Parfois, elles en jouent. Au point que la Connasse a fait irruption à la télé dans «Le Grand Journal». Même s'il existe d'admirables exceptions qui confirment la règle.

Comment expliquer ce travers ?

Pardonnez-moi d'être un brin personnel. Pour un peu connaître le milieu de la télévision, je me permets de réfuter par avance le machisme supposé, conscient ou inconscient, des directeurs de programmes. Ce sont même souvent des directrices, et féministes de surcroît. Alors pourquoi ?

C'est mathématique. Une question de probabilités.

Mettons-nous dans la peau d'un recruteur de présentatrice. Il cherche une jolie fille, intelligente, compétente et motivée.

Reprenons : jolie ? Disons une chance sur dix (n'ergotons pas : admettons que c'est à la louche la probabilité de tomber sur une fille vraiment belle, avec un corps parfait).

Vraiment intelligente ? Une chance sur dix.

Compétente ? Une chance sur dix (elle peut s'avérer brillantissime, mais avoir fait *pharmacie* alors que la chaîne lance un show de *speed dating*).

Et tout cela parmi les filles qui postulent, soit une fille sur cent. Oui : en général, quand une fille magnifique est à la fois compétente et brillante, elle ne se voit pas démarrer dans la vie par le tirage du Keno.

Or les probabilités ne s'additionnent pas, mais se multiplient.

Posons : $1/10 \times 1/10 \times 1/10 \times 1/100 = \dfrac{1}{100\,000}$

Voilà le résultat : une chance sur cent mille de trouver une fille belle, intelligente et qui veuille faire ce métier, sans jouer les potiches…

Mais alors, pourquoi la question ne se pose-t-elle pas pour les hommes à la télé? Eh bien, parce qu'on ne leur demande pas d'être beaux! Ils sont donc dix fois plus nombreux sur la ligne de départ. Et s'il n'y avait que le critère esthétique (subjectif par définition). Mais s'ajoute à cela le facteur de l'âge. Prenez un programme télé, comptez le nombre de présentateurs de plus de 55 ans à la tête d'une émission: ils sont légion. Comptez le nombre de femmes de plus de 45 ans (même pas de 55): elles sont une infime minorité.

Philippe Gildas a présenté «Nulle part ailleurs» bien après la soixantaine, avec son pif de Breton et ses grandes oreilles à peine cachées par sa vraie-fausse moumoute grisonnante. Vous imaginez une grand-mère avec le même profil aux commandes d'un talk-show branché?

Françoise Giroud avait prévenu: «*La femme sera vraiment l'égale de l'homme le jour où à un poste important, on désignera une femme incompétente.*»

Nous n'y sommes pas encore, hélas.

Jusqu'à preuve du contraire...

Pourquoi les hommes n'ont-ils pas de cellulite ?

«Perdez trois kilos avant l'été», jamais on ne voit cette promesse en couverture d'un magazine masculin.

On n'a pas fini de gloser sur les différences qui séparent hommes et femmes dans ce bas monde… La cellulite est l'une d'entre elles, et pas des moindres aux yeux de certain(e)s.

Cette grande injustice s'explique par des différences de métabolisme entre les hommes et les femmes.

Les cellules adipeuses, ou adipocytes en langage médical, se trouvent sous la peau, on ne va l'apprendre à personne, mais également autour des organes. Ce sont des réserves d'énergie pour le corps, qui peut les mobiliser en cas de besoin. Première injustice, les femmes en ont beaucoup plus que les hommes : 35 millions de cellules pour les femmes, seulement 26 pour les hommes (26 millions, pas 26 tout court !). Pourquoi cette différence ? Tout simplement parce que les femmes ont des besoins accrus lorsqu'elles sont enceintes ou qu'elles allaitent, et ont donc des réserves en corrélation avec ces demandes potentielles.

La répartition de la graisse sur le corps, qui se fait au moment de la puberté, est régie par les hormones sexuelles : progestérone et œstrogène. Le nombre de cellules graisseuses est constant à partir de la puberté, mais leur volume change en fonction de l'alimentation.

Et la cellulite dans tout ça ?

D'abord, il faut souligner que le terme est impropre : la cellulite en réalité est une inflammation des tissus situés sous la peau, alors que l'aspect « peau d'orange » dont nous parlons est une évolution de l'aspect des cellules graisseuses dont l'inconvénient principal est esthétique. Cette « fausse » cellulite, donc, résulte de l'hypertrophie du tissu adipeux, elle-même causée, principalement, par un déséquilibre au moment du stockage et du déstockage des graisses dans les cellules. Si certains facteurs sont unisexes – sédentarité, mauvaise alimentation… –, d'autres sont typiquement féminins et expliquent que seules les femmes soient touchées : les hormones féminines, et en particulier l'œstrogène, sont au cœur du processus.

Tout ça, finalement, pour pouvoir porter des enfants.

Jusqu'à preuve du contraire…

Pourquoi le symbole de la République est-il une femme, Marianne ?

Que ce soit dans les dessins de feu Jacques Faizant (pas franchement à gauche) ou en hebdomadaire en kiosque (pas franchement à droite), Marianne incarne la République française.

Pour quelle raison ? Et depuis quand ? Depuis deux siècles au moins, depuis la Révolution.

Une des premières décisions de la Convention, en 1792, fut d'en finir avec le symbole masculin du roi, et de promouvoir une nouvelle image de la République : « Le sceau de l'État sera changé et portera pour type la France sous les traits d'une femme vêtue à l'antique, debout, tenant à la main droite une pique surmontée du bonnet phrygien ou bonnet de la liberté, la gauche appuyée sur un faisceau d'armes. »

Une femme donc, pour incarner la dimension maternelle de la République qui prend soin de ses enfants. Très vite, on la surnomma «Marianne», prénom populaire au XVIIIe siècle car il est la contraction des deux prénoms alors les plus donnés, Marie et Anne. Une chanson très en vogue à l'époque, «La guérison de Marianne», l'a consacré. Elle date d'octobre 1792, quelques jours après la proclamation de la République. Elle raconte les péripéties de ce nouveau régime. Morceaux choisis:

Marianne, trop attaquée
D'une forte maladie
Était toujours maltraitée
Et mourait de misère.
Le médecin, sans la guérir
Nuit et jour la faisait souffrir.
Le nouveau pouvoir exécutif
Vient de lui faire prendre un vomitif
Pour lui dégager le poumon
Marianne se trouve mieux.

En tout cas, les deux camps l'adoptent. Pour des raisons opposées. Pour les révolutionnaires, sa popularité est un gage de réussite. Il rend la République proche et familière. Pour les contre-révolutionnaires, aristocrates ou non, l'appellation est péjorative: le prénom est populaire dans l'autre sens du terme, vulgaire.

Voilà de quoi assurer l'immortalité de Marianne.

Jusqu'à preuve du contraire...

Pourquoi raconte-t-on aux enfants que ce sont les cigognes qui apportent les bébés ?

Vous connaissez la légende. Peut-être vous a-t-on enseigné de cette façon les choses de la vie, en un temps où les petites filles naissaient dans les roses et leurs frères dans les choux, en ce temps où la morale interdisait d'appeler un chat un chat, et sa femelle par son nom.

Je comprends nos arrière-grands-parents. Avant que l'éducation sexuelle ne fasse son entrée officielle en salle de classe, il fallait bien inventer quelque chose pour calmer les gosses.

Mais pourquoi des cigognes en sages-femmes ? Pourquoi un oiseau ? Et pourquoi celui-ci ? Pourquoi ne seraient-ce pas les corbeaux qui apportent les bébés ? Ou les sangliers ? Et pourquoi pas le fox à poil dur ?

Depuis des siècles et des siècles, les Scandinaves avaient remarqué les qualités, disons «conformistes», de ce volatile. Jugez plutôt.

Au cours de ses quelque soixante-dix ans d'existence, la cigogne retrouve chaque année la même cheminée. Mieux : elle est monogame. Par ailleurs, les jeunes cigognes adultes prennent un grand soin de leurs parents âgés ou infirmes, en leur apportant sans relâche de la nourriture. Un modèle, donc, pour l'éducation morale des enfants.

La belle légende des cigognes pourvoyeuses de bébés se répandit dans tout le nord de l'Europe. Elle devint universelle quand le célèbre écrivain danois Andersen l'intégra dans ses contes à partir de 1835.

On ne demandait qu'à y croire. Dans la Rome antique, l'altruisme de l'oiseau blanc impressionnait tant que le Sénat avait voté une loi, baptisée *Lex ciconaria*, qui obligeait les adultes à veiller sur leurs aïeux grabataires.

Depuis, l'homme moderne a découvert le spermatozoïde et la maison de retraite. Un sacré progrès.

Jusqu'à preuve du contraire…

Pourquoi les femmes sont-elles plus bavardes que les hommes ?

« Alors tu comprends, je suis entrée dans la boulangerie, et alors là, tu vois, je l'ai vue, et alors je me suis tout de suite dit, et bla-bla, et bla-bla... » Une bière à la main – tant qu'à être dans le cliché, allons-y à fond –, les maris s'interrogent : mais comment font-elles pour se raconter autant de choses ? Quel intérêt ? Elles passent des heures au téléphone, elles bavardent en toute occasion. Alors que les hommes semblent plus laconiques, répondant souvent par monosyllabes. Quand ils répondent. C'est un lieu commun, mais il a du vrai : une femme qui a des problèmes en parle avec ses copines, un homme qui a des problèmes se mure dans le silence.

Le romancier américain Jay McInerney en rajoute : « *Les hommes parlent avec les femmes pour pouvoir coucher avec elles, les femmes couchent avec les hommes pour pouvoir parler avec eux.* »

Vision sexiste ? Raccourci erroné ? De tout bord, des voix s'élèvent, mêlant aux questions scientifiques des commentaires teintés de revendications diverses et variées. Interdiction de faire des différences ! Frivolité manifeste !

Ce débat a trouvé un éclairage scientifique grâce à une étude menée à l'université de Yale par le professeur Sally Shaywitz. Les femmes, lorsqu'elles parlent, utilisent les deux hémisphères de leur cerveau, assure-t-il, alors que les hommes n'en utilisent qu'un seul. Cela ne signifie pas pour autant que les femmes ont besoin de davantage mobiliser leur matière grise pour parler, mais plutôt qu'elles activent la zone liée aux émotions : elles les verbalisent plus. On pense à la réplique d'Anna Karina dans *Pierrot le fou*, le chef-d'œuvre de Godard, quand elle rétorque à Belmondo : « *Tu me parles avec des mots, et moi je te réponds avec des sentiments.* »

Pour aller plus loin, il faut chercher l'explication de ce phénomène. Il serait lié au fait que pendant la grossesse, les œstrogènes baignent davantage le cerveau des filles (normal), or cette hormone favorise les connexions neuronales. D'ailleurs, même avant la naissance, les fœtus de filles font plus de mouvements de lèvres que les fœtus de garçons…

Alors oui, les femmes parlent davantage que les hommes, tout simplement parce qu'elles ont objectivement plus de choses à dire !

Messieurs, vous trouvez que les femmes parlent trop ? Écoutez la philosophe Anasuya Sengupta, militante féministe en Inde : « *Bien trop de femmes, dans bien trop de pays, parlent la même langue : le silence.* »

Jusqu'à preuve du contraire…

Pourquoi les hommes ont-ils de la barbe ?

Barbe de trois jours, bouc, collier façon nain de Blanche-Neige (ou instit' des années 1970), barbe de sapeur, d'ayatollah, et désormais la très branchée barbe de hipster... Il y a cent manières d'arborer cette pilosité qui revient sur le devant de la scène, après un long purgatoire. Au point qu'à New York, on pratique désormais la greffe de barbe (comptez 6 000 dollars pour une totale à la Chabal).

C'est bien joli tout ça, mais à quoi ça sert ? Qu'est-ce que nous apporte la barbe, biologiquement ? À tenir chaud ? Si tel était le cas, pourquoi la femme, pas moins frileuse que les mâles, n'en serait-elle pas pourvue (alors qu'elle a des cheveux et des poils sous les bras) ?

Oubliez les modes et les religions. Il apparaît que la barbe présente des avantages insoupçonnés. La clef du mystère n'a été dévoilée qu'en 2011, grâce à une étude scientifique australienne, publiée dans le vénérable *Oxford Journal*.

Les chercheurs ont établi qu'un des principaux bénéfices de la barbe – et de la moustache – est d'offrir une protection au visage, notamment contre le rayonnement ultraviolet. À l'aide d'un appareil mesurant l'intensité des UV, ils ont évalué la protection fournie par les poils du visage en fonction du positionnement du soleil et de la longueur de la barbe. Cette dernière permettrait, dans les conditions idéales de longueur et d'angle des rayons solaires, de filtrer 90 à 95 % des rayons UV. Les poils longs sont particulièrement efficaces lorsque le soleil est bas, tandis que des courts suffisent quand il est haut dans le ciel.

Mais ce n'est pas tout : cette touffe agit comme un « piège » à pollen et à poussière. En évitant que le barbu ne les respire, elle offre une protection contre l'asthme et les allergies.

Mais je vous entends d'ici, mesdames, mesdemoiselles, si la barbe a tant de vertus, pourquoi les femmes en sont-elles dépourvues par la nature ? Les chercheurs australiens se sont évidemment posé la question. Selon eux, cela est dû à la présence de la testostérone à haute dose dans le corps masculin, une hormone qui permet notamment un développement des muscles plus important. Tout cela parce que les mâles, depuis la nuit des temps, sont généralement ceux qui chassent. Les hommes des cavernes en sortaient hiver comme été, alors que les femmes restaient davantage à l'ombre, dans la grotte ou sous la hutte, auprès des enfants.

Comme quoi, tout n'a pas forcément beaucoup évolué depuis la préhistoire.

Jusqu'à preuve du contraire…

Pourquoi, avant l'invention de la pilule, les femmes n'avaient-elles pas un enfant tous les neuf mois ?

De la puberté à la ménopause, la période de fécondité d'une femme s'étend sur une trentaine d'années de sa vie. Théoriquement, une femme aurait donc la possibilité de donner naissance à quarante bébés[22]. Certes, la question ne se pose pas pour des temps reculés. Jusqu'à la Révolution, l'espérance de vie en France n'excédait pas 30 ans, et on était parfois grand-parent à cet âge-là. L'espérance de vie grimpe à 50 ans dès le début du XXe siècle, avant la guerre de 14. Or, à cette époque, il était rare qu'une femme dépasse une dizaine d'enfants ; ou en tout cas une dizaine d'accouchements (avoir des jumeaux ou des triplés est toujours possible).

---

22. 30 x 12 / 9 = 40.

Pour quelle raison? Justement à cause de ses enfants. Je m'explique. Juste après la naissance jaillit le lait maternel. La durée d'allaitement peut s'étendre jusqu'à deux ans, même si nos usages la réduisent à quelques mois. Durant cette période, le cycle menstruel est arrêté, et il ne reprend généralement que lorsque la femme cesse de donner le sein. Si les nourrissons sont mis au biberon immédiatement (ou seulement après quelques semaines), ce retard n'a pas lieu.

En revanche, si la maman adopte un système plus primitif, si elle nourrit son bébé pendant deux pleines années, elle risque alors de n'avoir de progéniture qu'environ une fois tous les trois ans. Car l'allaitement bloque l'ovulation. C'est un réflexe physiologique destiné à faire que la mère puisse s'occuper du bébé sans être handicapée par sa grossesse. Et c'est par ce procédé que nos arrière-grands-mères prolongeaient parfois l'allaitement, délibérément, en guise de contraceptif.

Pour le double plaisir des bambins. Deux fois plus de lait. Deux fois moins de rivalités entre frères et sœurs.

Jusqu'à preuve du contraire…

Pourquoi dit-on que l'amour dure trois ans ?

L'amour dure trois ans, comme le regrette le titre du roman de Frédéric Beigbeder (Grasset). L'auteur, jeune divorcé éploré, le découvre par trois chemins : son cas personnel, les statistiques et la biochimie.

Les statistiques parlent : à Paris, deux couples mariés sur trois divorcent dans les trois ans qui suivent la cérémonie. Dans les annuaires démographiques des Nations unies, des spécialistes répertorient les séparations depuis 1947 dans soixante-deux pays. La majorité des divorces ont lieu au cours de la quatrième année de mariage (ce qui signifie que les procédures ont été enclenchées en fin de troisième année). *« En Finlande, en Russie, en Égypte, en Afrique du Sud, les centaines de millions d'hommes et de femmes étudiés par l'ONU, qui parlent des langues différentes, exercent des métiers différents, s'habillent de façon différente, manipulent des monnaies, entonnent des prières, craignent des démons différents, nourrissent une infinie variété d'espoirs et de rêves… connaissent tous un pic des divorces juste après trois ans de vie commune.»*

Et c'est là que la biochimie entre en scène. L'amour, c'est un refrain, c'est un bouquet de violettes, c'est regarder ensemble dans la même direction, c'est ma b*** dans ta ch****, mais l'amour, c'est aussi une poussée – éphémère – de dopamine, de noradrénaline, de prolactine, de lulibérine et d'ocytocine. Une petite molécule, la phényléthylamine (PEA), déclenche des sensations d'allégresse, d'exaltation et d'euphorie. Le coup de foudre, ce sont les neurones du système limbique qui sont saturés en PEA. La tendresse, ce sont les endorphines.

Voici pour l'explication chimique ou biologique. Mais au fond, pourquoi cette difficulté universelle à aimer la même personne alors qu'on peut garder les mêmes amis toute sa vie ? Et s'il s'agit de varier les plaisirs, on note que toute sa vie aussi on peut être passionné par Mozart, le champagne rosé ou la Porsche 911, à l'exclusion de toute variante.

On l'a vu plus haut[23], s'il n'y a pas d'amour, le mâle ne chasse pas pour la femelle, et il n'aura pas de descendance. Le lien amoureux est constitutif de l'espèce humaine. Du fait que les enfants naissent prématurés.

---

23. Voir « Pourquoi l'amour existe-t-il ? », p. 127.

Ainsi donc l'amour existe. Ils se marièrent et eurent beaucoup d'enfants? C'est évidemment plus compliqué que cela. Imaginons deux catégories d'humains, ou de pré-hominidés.

Les uns, après la naissance du premier enfant, ont envie d'en faire un second avec le même partenaire. Les autres, après la naissance du premier, ont envie de changer. La génétique ne s'encombre pas de morale. Génération après génération, ceux dont les parents sont inconstants ont plus de chances de survie que ceux dont les parents sont fidèles. Car leurs gènes sont brassés et croisés, ils sont donc plus forts, plus résistants. Disons les choses autrement: statistiquement, une femelle qui a dix enfants de dix pères différents aura une plus grande descendance qu'une femelle qui en aura dix mais du même père. C'est terrible mais c'est comme ça.

Mais pourquoi cette durée de trois ans? Car c'est à peu près le temps de la gestation, neuf mois, ajouté à celui de l'autonomie de bébé (marche debout, puis rudiments de langage), deux ans et quelques mois.

Sans amour, l'espèce humaine n'existerait pas. Avec trop d'amour, l'espèce humaine aurait pu péricliter.

Les histoires d'amour finissent mal. Mais seulement en général.

Jusqu'à preuve du contraire...

Pourquoi les vêtements des hommes ne se boutonnent-ils pas dans le même sens que ceux des femmes ?

Tous les esthètes le savent, toutes les *fashionistas*, et aussi ceux et celles qui ont l'habitude d'emprunter les vêtements de leur conjoint(e): le sens de boutonnage des chemises n'est pas le même selon le sexe.

Sur les chemises de garçons, les boutons sont cousus sur le pan de droite, et le pan de gauche vient s'y poser; sur les chemisiers de filles, c'est l'inverse.

Pour quelle raison? Par snobisme? Par sexisme? Parce que les couturiers et les stylistes sont des personnes inconstantes? Pour vendre deux fois plus de chemises? Pour qu'une maman économe ne puisse pas passer les vêtements du petit frère à la petite sœur et vice versa?

Rien de tout ceci. Ce sont les activités principales des hommes et des femmes qui expliquent cela. Un peu d'histoire : remontons quelques siècles en arrière, quand le T-shirt n'avait pas été inventé.

Les hommes, guerriers invétérés, tiennent leur épée de la main droite. Ils doivent pouvoir ouvrir leur veste de la main gauche pour dégager leur arme et la saisir de leur main la plus habile.

Les femmes, elles, tiennent leur bébé sur leur bras gauche. C'est donc leur main droite qui est libre pour dégrafer leur corsage (ou toute autre tâche demandant de l'habileté). L'autre explication au fait que les femmes tiennent leur bébé sur le bras gauche est qu'ainsi la tête du nourrisson repose près du cœur de la mère, dont les battements réguliers l'apaisent.

Jusqu'à preuve du contraire…

Pourquoi, dans les publicités pour les salles de sport, n'y a-t-il presque que des femmes en photo ?

Vous l'avez remarqué sur les prospectus et les affiches de fitness : Club Med Gym, Waou Club, Kajyn, Amazonia, Les Cercles de la Forme, etc. On ne voit presque exclusivement que des filles photographiées, alors que ces clubs sont mixtes. Dans les locaux, on croise autant de culturistes avec des pectoraux comme des fesses de bébé que de midinettes obsédées du step ou déchaînées sur la zumba. Alors pourquoi leurs publicités ne sont-elles pas mixtes, comme dans la plupart des produits qui s'adressent aussi bien aux hommes qu'aux femmes (clubs de vacances, compagnies aériennes, téléphonie mobile, etc.) ?

Ce sont les experts en marketing, et les prix de l'immobilier, qui nous donnent la réponse. Pour avoir le droit de brûler ses calories dans une salle de sport, encore faut-il s'y inscrire, et s'acquitter d'une somme à l'année. Souvent rondelette. De 200 à 2 000 euros selon le standing du club. Une fois inscrit(e), vous ne pouvez évidemment pas y aller tous les jours, même avec la meilleure volonté du monde. Il y a des impondérables. Donc de l'absentéisme. Passager ou… durable. Les spécialistes ont fait leurs comptes. Ces données sont cruciales ; car si tous les abonnés rappliquaient tous les jours, il n'y aurait pas la place pour les accueillir !

Chez les hommes, 10 à 20 % des inscrits ne sont pas assidus ; ils viennent au début, puis s'évaporent dans la nature. Si votre club peut accueillir 100 hommes, vous pouvez signer 110 à 120 abonnements avant d'être complet (c'est le principe du *surbooking* dans les avions). Mais pour les femmes, c'est beaucoup, beaucoup plus ! Après s'y être aventurée quelquefois, une femme sur deux au bas mot ne met finalement plus jamais les pieds dans la salle où elle s'était pourtant abonnée. Les femmes sont donc beaucoup plus rentables pour un club : si vous disposez de 100 places, vous pouvez faire signer 200 contrats ! Inutile d'acheter des appareils pour les absentes, ni de pousser les murs ou d'installer de nouvelles douches pour les accueillir. D'où le recrutement *ciblé filles*.

Mais au fait, pour quel motif ne vont-elles pas au club alors qu'elles ont pourtant cassé leur tirelire pour s'y inscrire, sans parler du prix de la tenue ? Par bonne conscience ? Complications quotidiennes (mais dans ce cas pourquoi s'être inscrites ?) Volonté manquante ? Les bonnes raisons ne manquent pas. La divine Florence Foresti s'en amuse dans son spectacle : « *Les filles, ça aimerait bien faire du sport, mais ça n'a pas le temps...* » La salle, mixte, éclate de rire. Foresti poursuit à la première personne : « *J'ai pas une minute pour moi !... Passe-moi le vernis, faut que je me fasse les ongles de pied ! Et passe-moi le* Grazia *aussi, on est vendredi...* »

Vernis ou pas, les comptables s'en moquent. Ils ne sont pas misogynes. Ils scrutent simplement leur taux de rentabilité. Et ils s'adaptent. D'où le bizness – encore plus lucratif – des coaches. Qui suivent en priorité... les femmes ! Déjà que les mecs détestent demander leur chemin, alors se faire donner la leçon en short à quatre pattes...

Jusqu'à preuve du contraire...

Pourquoi la pomme d'Adam est-elle proéminente chez les hommes ?

Gloups! Quand un homme est ému, on le remarque tout de suite. Sans même avoir à l'écouter. À un détail: sa pomme d'Adam qui monte et qui descend lorsqu'il déglutit. Pas moyen d'être discret! Alors que les filles gardent toute leur vie un cou sans proéminence, les hommes, à la puberté, voient leur pomme d'Adam prendre de l'ampleur et se mettre à dépasser du col. C'est pour cela qu'elle s'appelle la pomme d'Adam, et non pas la pomme d'Ève.

Ce qui est pratique avec ça, c'est que l'on sait où taper pour couper le souffle! Mais ce n'est évidemment pas sa raison d'être…

La pomme d'Adam correspond au cartilage thyroïde, qui sert en quelque sorte de bouclier pour protéger les cordes vocales et le larynx. En grec, *thureos* (θυρεοειδήζ)– d'où est issu le terme thyroïde – signifie «bouclier». C'est la puberté qui, chez les garçons, va déclencher la descente de la pomme d'Adam : le cartilage change de place. La voix va s'en trouver modifiée – elle devient plus grave, comme chacun sait – et comme le cartilage se retrouve alors dans une région où le cou est plus fin, il va former une protubérance.

La croyance populaire dit qu'Adam a gardé «en travers de la gorge» la pomme qu'Ève lui a donnée. Oui, croyance «populaire», car la pomme n'est pas dans la Bible, qui parle seulement de fruit défendu. Selon les interprétations, les pays et les traductions, ce fruit a été désigné comme pomme, mais aussi poire, figue, et même grenade.

La grenade d'Adam. Que les femmes préfèrent dégoupillée.

Jusqu'à preuve du contraire…

Pourquoi toutes ces blagues de blondes ?

Que dit une blonde après l'amour ?

— Au suivant !

Que dit une blonde *pendant* l'amour ?

Rien. Sa mère lui a défendu de parler aux étrangers...

C'est devenu une épidémie. Les blagues de blondes ont envahi les plateaux télé et les troisièmes mi-temps trop arrosées. Au point que la prétendue bêtise des blondes a fini par gangrener le langage courant. Quand une collègue de travail n'arrive pas à ouvrir la pièce jointe d'un e-mail, elle s'exclame : « Je ne suis pas blonde, pourtant... »

Pourquoi cette mauvaise réputation des femmes à cheveux clairs ?

Tout d'abord, empressons-nous de dire qu'elle ne repose sur aucune donnée scientifique, ni aucune statistique. En revanche il y a des constantes qui étonnent. Depuis les années 1950, les médias ont forgé l'image de la blonde comme celle d'une femme facile, sensuelle, utilisant ses charmes avant son intelligence. Les médias, et aussi le cinéma. Marilyn Monroe aux États-Unis, Brigitte Bardot en Europe. Ces deux comédiennes ont un point commun : ce sont de fausses blondes. À l'origine, elles sont brunes, et ce détail aura son importance.

Aux États-Unis, des chercheurs ont établi que 35 % des femmes présentées dans les magazines de mode sont blondes, or les blondes naturelles ne représentent que 5 % des Américaines. Le magazine érotique *Playboy* affiche 41 % de blondes, soit près de huit fois plus que la réalité ! Aucune statistique n'a encore été réalisée dans l'industrie pornographique, mais il va de soi que là encore les blondes sont légion (et l'épilation intégrale empêche de démasquer les fausses blondes).

Les blagues de blondes ne sont pas neuves en soi. Pour la plupart, ce sont de vieilles histoires recyclées. Auparavant, en Amérique, c'étaient les habitants du New Jersey qui « ramassaient ». En France, on a les blagues belges. En Italie, les histoires de carabiniers. Chaque fois, la catégorie moquée détonne par sa bêtise.

Aux États-Unis, les blagues de blondes ont remplacé les blagues de banlieusards (*bridge & tunnel*) dans les années 1980, au moment de l'irruption sur les écrans de Pamela Anderson. Pourquoi elle, qui est une fausse blonde ? Justement à cause de cela.

Tout est faux chez elle : la couleur de cheveux, la poitrine, les sourcils, voire le nez et les pommettes. Elle passe son temps chez le coiffeur et l'esthéticienne, un peu dans les salles de sport et dans les centres de bronzage. Autrement dit : on lit sur son apparence qu'elle ne fait rien d'intellectuel. Et donc cela rassure.

Le plus incroyable, c'est que ce cliché de la *dumb blonde*, la blonde idiote, a donné des complexes aux véritables blondes. Chercheur à l'université de Westminster, à Londres, le Pr Viren Swami a mesuré, à partir de photographies retouchées pour changer la couleur des cheveux, que la blondeur conduit les autres à percevoir une blonde comme ayant des mœurs légères, mais aussi comme étant moins intelligente et moins compétente.

Simple constatation ? Pas du tout : cela peut même aller plus loin. Certains stéréotypes peuvent devenir « autoréalisateurs ». En clair : une femme blonde, à force de s'entendre dire qu'elle est incompétente, perd confiance en elle et peut le devenir réellement. Je n'invente rien. Ce phénomène d'autoréalisation a été étudié par la psychologue française Clémentine Bry. Un de ses thèmes de recherche était « Effets de l'humour sexiste sur la perception de soi et les performances des femmes ». À l'université de Nanterre, Bry et ses équipes ont fait passer des tests de culture générale à des jeunes femmes, brunes et blondes. Juste avant le test, on leur rappelait l'existence du stéréotype selon lequel les blondes brillent davantage par leur physique que par leur esprit. Le résultat est stupéfiant : les participantes blondes perdaient leurs moyens et réalisaient de moins bons scores que lors d'un examen précédent, où l'on n'avait fait aucune remarque avant de lancer les tests.

C'est une blonde qui annonce à sa copine : hier, j'ai passé un test de grossesse.

— Alors ? interroge l'autre blonde, les questions étaient difficiles ?

Jusqu'à preuve du contraire…

Pourquoi les infirmières sont-elles en blanc, alors que les chirurgiens sont en vert ?

Nos lecteurs les plus âgés ont subi une opération de la prostate à l'automne dernier ; les plus jeunes ont la télévision en couleurs et gardent en mémoire des images d'hôpital (reportage, feuilleton au rabais, réclame d'assurance vie, etc.).

Tous soulèvent la même interrogation : « Pourquoi les infirmières s'habillent-elles en blanc, et les chirurgiens en vert ? »

Jusqu'au début du siècle, les chirurgiens, comme tout le personnel médical, ne portaient que du blanc. Symbole de pureté, indirectement d'hygiène.

En 1914, au début de la Grande Guerre, un Américain dont l'Histoire a oublié le nom trouva que cet étalage de traces de sang sur sa blouse blanche lui rappelait les bouchers de son enfance. La couleur vert épinard qu'il choisit à la place permettait d'atténuer ce rouge trop voyant.

Dans le monde entier, ses honorables confrères l'imitèrent.

À la fin de la Seconde Guerre mondiale, on modifia l'éclairage des blocs opératoires. Les blouses des chirurgiens passèrent alors au coloris « vert brumeux », mieux adapté, donc adopté.

Mais, depuis 1960, elles sont désormais « bleu phoque ». Pourquoi cette ultime modification ? Parce que la couleur « bleu phoque » ressortirait mieux sur les écrans vidéo utilisés pour les démonstrations chirurgicales destinées aux étudiants.

Enfin, de nouvelles lampes sont apparues dans les années 1970. Tellement puissantes que les vêtements blancs devenaient éblouissants sous leurs feux. On a donc choisi des teintes qui ne réfléchissent pas la lumière. Y compris pour les infirmières et les anesthésistes.

En fait, il n'existe plus désormais de discrimination chromatique selon les fonctions hiérarchiques. La différence joue entre le bloc opératoire et les consultations.

Les tenues pour les visites en chambre restent blanches pour tous, médecin ou « petit personnel ». Et tous se mettent au bleu ou au vert pour passer le sas de stérilité vers la salle d'opération.

Seuls certains brancardiers restent perpétuellement en sombre, à cause de leurs incessants déplacements.

Jusqu'à preuve du contraire…

Pourquoi dit-on que les femmes peuvent faire plusieurs choses à la fois ? Est-ce exact, ou est-ce une invention des maris pour les faire bosser ?

Vous connaissez la rengaine. Tellement vivace qu'elle est serinée par les unes et par les autres comme une vérité scientifique. Elle a même été mise en scène dans une publicité pour un organisme de crédit, Cofidis : *« Vous pensez que les hommes ne savent pas faire deux choses à la fois ?... Préjugé ! »* (dans la même série, il y a le fait qu'il pleut souvent à Londres, tu parles d'un bobard...).

Bref. Pourquoi ce doute ? Parce qu'avec l'avènement du *politiquement correct*, les articles de presse qui comparent les deux sexes donnent toujours avantage à la femme. Exemple : les femmes ont moins d'accidents de voiture. Les femmes lisent plus de livres. Les femmes ont une meilleure hygiène. Les femmes picolent moins. Les femmes sont plus patientes. Les femmes savent mieux gérer leurs émotions. Tout ceci est avéré. Mais inversement, ce qui donne à réfléchir, c'est qu'aucun article n'indique jamais le résultat inverse. À croire que les hommes sont toujours surpassés par les femmes. Y compris lorsqu'il s'agit de faire plusieurs choses à la fois. Napoléon dictait sept lettres en même temps, alors imaginez Joséphine…

Isabelle Germain, vice-présidente de l'Association des femmes journalistes et auteure de l'essai *Si elles avaient le pouvoir* [24], analyse : « *On est dans la prophétie auto-réalisatrice : à force d'entendre dire cela, ça finit par se produire. C'est à la fois un fantasme et une réalité : les femmes se sentent obligées de devenir multitâches, mais je connais des hommes qui le sont. Il faut se méfier lorsqu'on dit qu'hommes et femmes sont "complémentaires" en entreprise : on part du principe que les femmes seraient ordonnées, méticuleuses. Souvent, on attribue ce mérite aux femmes pour leur donner des tâches liées à ces qualités, peu valorisantes : le secrétariat par exemple, tandis que les hommes s'attribuent les missions liées aux prises de décisions.* »

Tout est parti d'une étude de 1982. Des neurologues américains avaient découvert que les

---

24. Larousse, 2009.

femmes ont le corps calleux plus épais que celui des hommes. Le corps calleux est cette partie du cerveau qui se trouve entre les deux hémisphères. Conclusion des chercheurs : cette épaisseur plus grande permet aux deux hémisphères des cerveaux féminins de mieux communiquer entre eux, et donc de pouvoir gérer plusieurs tâches en même temps.

Mais, en 1997, les travaux réalisés en IRM ont démontré qu'il n'existait aucune corrélation entre l'épaisseur du corps calleux et le degré de connexion entre les deux hémisphères. L'étude de 1982 n'était pas sérieuse ? À vous de juger : elle s'appuyait seulement sur vingt malheureux cerveaux. Pourquoi malheureux ? Car ils étaient noyés dans le formol... Va leur poser des questions après ! On a connu enquête scientifique plus rigoureuse.

Désormais, grâce à la neuro-imagerie fonctionnelle, on peut visualiser en temps réel l'activité cérébrale. Lorsque l'on traite deux tâches en même temps, ces deux missions sont en réalité accomplies de manière alternative, mais le cerveau passe si rapidement de l'une à l'autre qu'elles semblent simultanées.

Attention : il y a des limites. C'est une découverte de l'équipe du neurologue français Étienne Koechlin, du laboratoire de neurosciences cognitives de l'Inserm, à l'École normale supérieure de

Paris : le cerveau est capable de traiter en parallèle deux tâches, comme écrire une lettre en parlant au téléphone, une dans chaque lobe frontal, mais deux tâches au maximum. Chaque fois que trois missions sont imposées dans une expérience, les sujets font beaucoup d'erreurs et reviennent systématiquement à un scénario à deux tâches, en délaissant la troisième. La mémoire tampon, ou mémoire immédiate, est limitée et ne peut gérer que deux tâches quasi simultanément. En clair : il est surhumain d'écrire un rapport, de suivre attentivement une émission de radio et de remplir en parallèle une grille de sudoku.

L'autre enseignement de cette étude nous intéresse davantage : il n'y a aucune différence de performances entre les sexes. Les hommes comme les femmes sont capables de faire deux choses en même temps. Personne n'est capable de faire trois choses en même temps. Ainsi s'effondre le mythe des femmes plus « multitâches » que les hommes.

Et si vous appelez « multitâche » se taper le ménage, la cuisine et la lessive, c'est un autre débat.

Jusqu'à preuve du contraire…

Pourquoi, quand on se baigne dans de l'eau très froide, a-t-on le zizi tout riquiqui?

Cette blague de lycéen: «Comment fait Rocco Siffredi pour avoir une bite de 20 centimètres?

— Il la met dans des glaçons...»

Chaque garçon a pu en faire la funeste expérience en se baignant au printemps en Bretagne, ou dans un lac de montagne: le rétrécissement de ce qu'il croyait indéfiniment flamboyant. Pour quelle raison?

En situation de danger biologique, notamment en cas de froid intense, l'organisme privilégie ses organes vitaux, en l'occurrence en premier lieu le cœur et le cerveau. C'est vers eux qu'il dispense son énergie à travers le flux sanguin (par définition à une température de 37 °C). Les organes considérés comme «secondaires» sont abandonnés à leur sort thermique, tels les mains, les pieds, le nez ou les oreilles. Et chez l'homme : le pénis, d'où le raccourcissement de sa taille en immersion dans une eau froide, ou en hiver dans des températures polaires (les rugbymen et les cyclistes savent de quoi je parle).

Ce phénomène naturel s'appelle la vasoconstriction. En dépit des apparences, il prouve que vous êtes en bonne santé, car vos mécanismes naturels de défense fonctionnent parfaitement.

Il sera toujours temps de se réchauffer ensuite.

Jusqu'à preuve du contraire…

Pourquoi les femmes sont-elles si souvent fascinées par les *bad boys* ?

Mais qu'est-ce qu'elles lui trouvent à ce voyou ?!? C'est le constat qui fait enrager les fils à papa et les premiers de la classe : pourquoi le cancre, le mauvais garçon, au lieu d'être mis à l'écart comme de juste, se pavane entouré des plus belles filles du lycée ?

Voici un défilé de séducteurs mondiaux : Marlon Brando, Elvis Presley, Alain Delon, Mick Jagger, Jim Morrison, Al Pacino, Nicolas Cage, Pete Doherty, etc. Des racailles, des défoncés, des repris de justice, des alcooliques, etc.

Pourtant, montrer un visage joyeux est considéré comme essentiel dans les interactions sociales et amicales, y compris celles impliquant une attirance sexuelle, mais peu d'études ont été réalisées pour corroborer cette intuition.

C'est la plus grande surprise d'une étude de l'University of British Columbia : les hommes souriants sont jugés par les femmes «moins sexuellement attirants» que les autres. Ce qui explicite le mythe du *bad boy*, méchant et torturé, et autres clichés du même tonneau – de whisky – qui font paraît-il fantasmer les demoiselles. On parle d'ailleurs de «beau ténébreux», expression qui n'a pas de versant féminin (il n'y a pas de «belle ténébreuse»).

Plus de mille adultes ont participé à une expérience où ils devaient évaluer le sex-appeal de centaines de personnes du sexe opposé. Les femmes jugeaient les hommes, et vice versa. Toutes les expressions étaient présentes: la joie (de grands sourires), la fierté (tête haute, torse bombé), et même la honte (tête baissée, regard fuyant). On s'en doutait: les hommes ont largement préféré les femmes souriantes, et ont moins été séduits par celles qui paraissaient sûres d'elles.

La surprise est venue des femmes: elles n'ont pas préféré les beaux garçons souriants, mais au contraire les plus arrogants, les plus sombres, les teigneux. Les sociologues anglo-saxons dénomment ce genre de mâles des *dark triad*.

Une étude australienne a enrichi ces travaux. L'université de New South Wales a réalisé le même genre d'étude, avec le même résultat: les filles, même celles des beaux quartiers, sont plus attirées par les *bad boys* que par les minets. Mais les chercheurs ont ensuite corrélé ces résultats avec la ville d'où provenaient les femmes interrogées. Stupeur : plus la ville affichait un taux important de criminalité, plus les femmes se disaient attirées par les *bad boys* ! Alec Bellac, coauteur de l'étude, explique *a posteriori* cette corrélation par le fait que face à un sentiment de peur, les femmes seraient naturellement programmées à chercher un environnement rassurant pour élever leur progéniture, autrement dit un homme aux bras musclés qui ne craint pas la baston.

Rappelons toutefois que la question posée portait sur l'attirance immédiate. Il n'était pas demandé aux participants s'ils pensaient que ces personnes seraient pour l'avenir un bon compagnon, une bonne épouse ou un bon époux.

Après les intentions, les faits. Anders Breivik, emprisonné pour avoir abattu soixante-dix-sept personnes en Norvège, reçoit des centaines de lettres d'amour par jour. Nombre de ces courriers arborent des cœurs ou des marques de rouge à lèvres. Breivik n'est pas le premier tueur à devenir l'objet d'un culte amoureux. Ricardo Ramirez, surnommé le « Traqueur de la nuit », ou Josef Fritzl, qui a emprisonné et violé sa propre fille durant vingt-quatre ans, sont également abreuvés de courrier de fans. Marc Dutroux, le pédophile le plus célèbre d'Europe, a eu une relation épistolaire enflammée avec une jeune fille de 15 ans. Le criminologue américain Jack Levin indique que ces *« groupies de tueurs »* sont *« les mêmes femmes qui pourraient écrire à une rock star »*.

D'où le succès phénoménal du *gangsta rap* (en français : le rap des gangsters). Car il mixe deux ingrédients : le bac des disquaires et le casier judiciaire. Avant de devenir des stars du show-biz, Tupac, Snoop Dogg, 50 Cent, Nas, Eminem, JoeyStarr, Booba, Rohff ou La Fouine se sont fait connaître en prison. Pas un hasard si à ses débuts Presley chantait « Jailhouse Rock », le rock du bagne, et Hallyday « Les portes du pénitencier ».

Elles ne sont pas près de se refermer.

Jusqu'à preuve du contraire…

Pourquoi certains (et certaines) préfèrent-ils parler d'amour sur les réseaux sociaux plutôt que sortir et faire des rencontres ?

Le succès des réseaux sociaux parle à leur place : 1,32 milliard d'abonnés pour Facebook (dont 23 millions en France), 275 millions pour Twitter, 300 millions pour Google+, 200 millions pour Instagram, 166 millions pour Tumbler, 150 millions pour LinkedIn, etc. Quand des milliards d'êtres humains s'y connectent pour bavarder, pour trouver l'amour, ou du sexe, ou tout cela à la fois, on peut se demander pourquoi ils et elles ne descendent pas au café-bar le plus proche pour rencontrer de vraies personnes, puis aller déjeuner ou dîner ensemble quelques jours plus tard ? C'est même devenu une rengaine qui tourne en boucle chez les éditorialistes un peu aigres. La vraie vie plutôt que le virtuel. On parle même de « réseaux asociaux ».

Certes, pour sortir, il faut avoir les moyens, il faut s'habiller, il faut trouver une adresse ouverte, parfois tard. Mais la logistique ne semble pas être la difficulté majeure des internautes (qui galèrent tout autant pour avoir du réseau).

De nombreuses études scientifiques se sont penchées sur ce mystère : quel plaisir à parler de soi à un inconnu ? Quel intérêt d'envoyer les photos de ses pieds ou de sa pizza en vue aérienne ?

Le résultat est chaque fois le même : parler de soi excite le système mésolimbique, qui, dans le cerveau, libère de la dopamine. Grâce à l'imagerie cérébrale, les chercheurs ont pu mettre en évidence que cette activité actionne le processus de récompense primaire, tout comme le sexe ou la nourriture. En clair : raconter sa vie, c'est comme faire l'amour, ou manger ! Les chercheurs n'exagèrent pas. Le système mésolimbique est justement associé aux addictions à différentes drogues. Parler de soi déclenche un shoot de dopamine. Voilà qui explique pourquoi certain(e)s sont accros, et n'ont aucune envie de quitter leur écran pour passer à autre chose. Comme les drogués, ils peuvent être en manque (leur cauchemar : l'été sur une plage de rêve des Seychelles, mais sans WiFi).

On comprend désormais pourquoi les êtres humains consacrent de 30 à 40 % de leurs conversations quotidiennes à transmettre aux autres des informations sur leurs propres expériences ou leurs relations personnelles. Sur Twitter, ce taux grimpe à 80 %. Il ne s'agit souvent que de relater sa dernière expérience en date. Parfois d'une banalité désolante : *« Tiens, il pleut »*, *« J'aime le pain frais »*, *« Je suis en retard »*, *« J'ai oublié le poisson dans le four »*…

À la différence de la boulangère qui vous lance sur votre repas de midi, l'interlocuteur des réseaux sociaux ne répond pas toujours directement. Pas grave. Il y a les *like* de Facebook et les *retweets* de Twitter. *Slate* analyse : *« Les dialogues électroniques se révèlent être une succession de discours univoques sur soi adressés à tous. Les réponses sont d'autant plus rares qu'il n'y a pas vraiment de question. »*

Les sites de rencontre ont intégré cette donnée. Ils demandent à leurs adhérents de répondre à un questionnaire qui porte sur eux-mêmes. Attractive World balance pas moins de cent trente questions. Deux minutes par question : il y en a pour plus de quatre heures ! Le site eHarmony propose quatre cents questions personnelles : bloquez la journée entière…

En 2012, deux chercheurs de l'université de Harvard, Diana Tamir et Jason Mitchell, ont évalué la somme d'argent à laquelle les participants d'une expérience[25] étaient prêts à renoncer pour avoir le plaisir de révéler des informations sur eux-mêmes. Les participants avaient à choisir entre trois tâches : dévoiler leurs opinions et leurs comportements (*«Aimez-vous les sports d'hiver ?»*), juger le comportement d'une autre personne (*«Obama aime-t-il le ski ?»*) ou répondre par oui ou par non à un QCM (*« Léonard de Vinci a-t-il peint la Joconde ?»*).

En moyenne, les participants ont sacrifié 17 % de leurs gains en préférant parler d'eux-mêmes face à d'autres choix pourtant plus rémunérateurs. *«Tout comme des singes prêts à renoncer à leur jus de fruits pour voir le mâle dominant ou des étudiants prêts à donner de l'argent pour voir des personnes séduisantes du sexe opposé, nos participants ont accepté de renoncer à de l'argent pour penser à eux et parler d'eux»*, concluent les chercheurs. On comprend mieux le succès des psychanalystes, payés pour vous écouter, parfois sans dire un mot.

Me, myself, and I... Et les *selfies* ? C'est le mot de l'année 2013. Même Obama et le pape font des *selfies*. Rares, et maîtrisés par leur cellule communication.

---

25. *Proceedings of the National Academy of Sciences* (États-Unis), cité par Slate.fr, 11 mai 2012.

Le *selfie* serait un moyen d'alerter sur l'abandon sexuel dont on est victime, selon le chercheur néerlandais Christyntjes Van Gallagher, de la Wageninge University, repris par le site d'info Terrafemina[26]. Les *selfies* de Beyoncé ou de Kim Kardashian, de Heidi Klum (généralement *topless*) ou de la jeune Miley Cyrus dans des positions plus que suggestives seraient, selon cette étude, des appels de détresse cachés. Ce n'est donc plus seulement de l'égocentrisme ou du narcissisme. Le chercheur néerlandais a analysé huit cents autoportraits et les a comparés avec la vie réelle des protagonistes, telle qu'il la connaissait. Il se trouve qu'au moment où ces *selfies* ont été pris et postés sur le Web, 83 % d'entre eux n'avaient pas de vie sexuelle active. Avec ces résultats, Christyntjes Van Gallagher en est arrivé à la conclusion (trop rapide ?) que réaliser ce type de photo reflétait un manque d'estime de soi, de sécurité et surtout de sexe. *« Les selfies-addicts évaluent leur niveau de bien-être dans l'image qu'ils renvoient d'eux-mêmes, en utilisant la technologie pour changer la vraie image »*, a expliqué le chercheur.

Ils feraient mieux de parler d'eux sur Facebook, ça compenserait.

---

26. Le site terrafemina.com se définit comme « la référence actu pour les femmes ».

Oh, putain, à force de parler, j'ai oublié le poisson dans le four !

Jusqu'à preuve du contraire…

Pourquoi existe-t-il un Viagra pour les hommes, et quasiment rien pour les femmes ?

On ne parle que de Viagra, Cialis et autres Levitra. Mais pour les femmes : ceinture ! La presse féminine s'en désole régulièrement, *« rien à se mettre sous la culotte »* (*sic*), et n'attend pas de nouveautés en pharmacie avant 2016.

Il existe cependant une différence fondamentale entre le Viagra et les futurs médicaments (certains sous forme de patch) annoncés pour les femmes, que les journaux télé qualifient de façon impropre de « Viagra féminin ». Ces médicaments sont conçus pour rebooster la libido des femmes qui l'auraient perdue. À la différence de leurs partenaires, elles n'ont ensuite pas de problèmes mécaniques pour faire l'amour (dans le pire des cas, un peu de gel pour la lubrification). Or le Viagra et ses concurrents ont une tout autre fonction. Ce sont des molécules qui permettent à un homme qui a du désir mais zéro érection de se remettre au garde-à-vous. Si un mari n'a plus envie, le Viagra ne peut rien pour lui, ce n'est pas un aphrodisiaque.

Mais allons plus loin. Peu de recherches ont été faites pour s'intéresser au plaisir féminin, même basiquement anatomiques. La sexologue Ghislaine Paris, auteur du livre *L'Importance du sexuel*, raconte une anecdote médicale: «*Au dernier Congrès de sexologie, nous avons eu une communication sur les troubles érectiles chez l'homme dus au diabète et aux problèmes d'athérosclérose. J'ai demandé des précisions sur les troubles rencontrés par les femmes. Réponse: on n'a pas regardé…*» Sur Google, la requête «clitoris» aboutit à vingt fois moins de réponses[27] que pour «pénis» (oui, vingt fois!).

Il a fallu attendre 1998 pour que soit effectuée une description anatomique précise du clitoris à partir des outils modernes comme l'IRM. Grâce à une femme, l'urologue australienne Helen O'Connell. Elle s'est aperçue qu'à la différence du nerf érectile chez l'homme, les nerfs clitoridiens n'étaient à l'époque répertoriés dans aucun

---

27. La recherche « clitoris » recueille un peu plus de 5 millions d'occurrences, alors que « penis » en recueille 121 millions! Précision orthographique: comme clitoris s'écrit de la même façon en anglais, il faut scripter « penis » sans accent, sinon on n'obtient que les réponses en langue française (« pénis » : 2,4 millions).

livre d'anatomie. Il faudra ensuite attendre 2007 pour que la gynécologue échographiste Odile Buisson et le chirurgien urologue Pierre Foldès effectuent la première échographie complète du clitoris. Odile Buisson explique : « *On a des tonnes d'articles sur le pénis, son fonctionnement, le lien avec le cerveau ; mais rien sur le clitoris. Dès que l'on parle de clitoris, tout le monde est aux abris ! La femme, c'est le sexe second, le sexe par défaut, le sexe sans pénis. C'est un peu à l'image de la cour de récréation quand un petit garçon dit à une petite fille : moi, j'ai un zizi et toi, t'as rien.* »

Pourquoi la médecine fondamentale s'intéresse-t-elle si peu au plaisir féminin ? Odile Buisson répond : « *Je suis persuadée que si le plaisir féminin était nécessaire pour concevoir un enfant, il serait étudié. A contrario, un homme qui n'a pas d'érection pose un problème à la société car il ne peut reproduire la génération future.* »

Dans les années 1940 et 1950, le père de la sexologie, Alfred Kinsey, a vu ses subventions purement et simplement supprimées lorsqu'il s'est détourné de la vie sexuelle des hommes pour publier *Le Comportement sexuel de la femme.*

Pour son livre *Que veulent les femmes ?*, best-seller en 2011, l'Américain Daniel Bergner a mené une longue enquête journalistique et scientifique auprès de chercheurs et de médecins, sans préjugés, ni moraux, ni religieux, ni même antireligieux. Voici sa conclusion : « *L'homme est animal, sa libido le pousse instinctivement vers la quête sexuelle en vue de disséminer ses gènes le plus largement possible. Mais la libido féminine est tout aussi avide de jouissance, de sensations et de partenaires, ce qui bouleverse la conscience masculine. La femme, elle aussi, est animale.* » Le livre a reçu un accueil phénoménal lors de sa sortie, au point qu'il a provoqué un éditorial alarmiste du *Washington Post* : « *La libido des femmes est une menace pour la société.* » Une « menace »…

Des firmes ont essayé de mettre sur le marché des médicaments pour venir au secours de la libido féminine. Par exemple la Flibansérine, une molécule développée par le laboratoire Boehringer Ingelheim. Mais ce labo a jeté l'éponge en 2010 après le refus de l'autorité de santé américaine, la FDA (Food and Drugs Administration). Le laboratoire néerlandais EB (Emotional Brain) tente à son tour de convaincre la FDA avec son Lybrido. Il s'agit de médicaments à prendre quatre heures environ avant une relation sexuelle. Ils espèrent une autorisation de mise sur le marché en 2016. Mais qui sait ce qui pourrait arriver d'ici là…

Ces médicaments ont fait surgir un nouveau problème : le consentement des femmes. L'argument est défendu aussi bien par les ligues de vertu les plus réactionnaires que par les féministes les plus avant-gardistes, ennemies des premières : si un véritable aphrodisiaque féminin existe, on peut imaginer qu'un mari oblige sa femme à en prendre pour satisfaire d'abord son envie à lui. Le médicament miracle à destination des femmes pourrait alors se retourner contre elles.

On en est là. Quarante ans après l'avènement de la pilule, les femmes attendent toujours l'autre pilule.

Jusqu'à preuve du contraire…

Pourquoi les hommes maigrissent-ils plus vite que les femmes ?

Ce n'est pas moi qui le dis, c'est le magazine *Femina* qui consacre une page entière à la question, et constate : « *Nos compagnons sont plus doués pour éliminer les kilos en trop.* » Et si ce n'était qu'une impression ? Non. Le site britannique de diététique Slimming World a suivi et évalué 1,2 million de personnes à la diète. Aucun doute possible : les hommes maigrissent plus facilement. En moyenne, pendant les trois premiers mois d'un régime, un homme perd plus de 7 kilos alors qu'une femme n'en perd que 5.

Nathalie Négro, diététicienne responsable du Centre nutritionnel de Brides-les-Bains, a sorti la calculette : « *Il leur suffit de réduire légèrement les glucides (par exemple en passant de 50 % des apports quotidiens à 40-45 %) pour obtenir des résultats très bénéfiques.* » Pour les femmes, c'est une autre paire de manches. Pourquoi cette inégalité face au steak frites ?

Quatre facteurs entrent en ligne de compte. D'abord les hormones. Les hommes ont plus de testostérone, qui forge les muscles à la puberté, tandis que « *les filles, inondées d'œstrogènes, fabriquent plus de graisses* » se désole *Femina*[28]. « *La masse maigre, comme on l'appelle, réclame davantage d'énergie que la masse grasse pour fonctionner.* » Face à un régime alimentaire, « *les muscles masculins consomment toujours autant de carburant et vont donc puiser dans les réserves de graisse* ».

La répartition des graisses diffère aussi selon le sexe. Vous l'avez remarqué : à force de bons petits plats, les hommes prennent du ventre et des poignées d'amour, alors que les femmes semblent prendre, euh, de partout. Les spécialistes parlent d'obésité androïde chez les premiers, et gynoïde pour les secondes. Ce n'est pas seulement une question de vocabulaire, mais de nature. Nathalie Négro : « *Chez l'homme, la graisse viscérale est liée à des perturbations métaboliques, d'où un risque plus élevé pour les hommes de développer des maladies cardio-vasculaires et du diabète. Au contraire, les graisses gynoïdes sont sans danger pour la santé. Mais elles sont rebelles à l'amincisse-*

---

28. *Femina*, 8 janvier 2012.

ment, car génétiquement programmées pour servir de réserve lors des grossesses.»

Comme si cela ne suffisait pas, les émotions entrent en jeu. *« Les femmes doivent gérer des compulsions alimentaires souvent corrélées à leurs émotions… »* C'est le phénomène bien connu de la compensation. Et 90 % des boulimiques sont des femmes. D'où par exemple les litres de crème glacée «thérapeutique» dévorés après une rupture difficile. Les hommes ne font pas d'excès alimentaires parce qu'ils se sentent mal, mais parce qu'ils se nourrissent mal tout simplement: les repas d'affaires gargantuesques, les bières et les pizzas englouties devant la télé sont les coupables. Il leur est plus aisé de se remettre au pas: *« Pour réduire par deux ou trois leur apport calorique, ils peuvent manger du steak au lieu de l'entrecôte et des légumes plutôt que des frites. »*

Enfin, quand les hommes entament un régime, c'est généralement vers la quarantaine, parce qu'ils ont pris un peu de ventre. Ils ne connaissent donc pas le fléau des régimes à répétition parfois démarrés dès la terminale! Selon un sondage Harris Interactive/Top Santé, 83 % des femmes de plus de 18 ans surveillent leur alimentation pour mincir. Plus de 8 sur 10!

La diététicienne Corinne Peirano explique le danger: *«Après plusieurs régimes, l'appétit augmente et, cumulé à la faim, il décuple la prise ali-*

mentaire. Au final, l'apport calorique et donc la reprise des kilos explosent puisque la personne mange davantage que ses besoins réels avec, en parallèle, une dépense énergétique réduite.» C'est ce qu'on appelle l'effet yo-yo. Il fonctionne ainsi : à chaque nouvelle restriction, l'organisme va commencer par puiser l'énergie dans ses protéines musculaires, avant de s'attaquer aux réserves de graisse. Du coup, les muscles fondent et brûlent moins de calories. Le pire est à venir, rappelle Nathalie Négro : *«Dès qu'on reprend une alimentation normale, comme on brûle moins, on grossit plus vite. Pire : ce que l'on engrange ensuite, c'est de la masse grasse, qui consomme très peu d'énergie. Du coup, lorsqu'on voudra maigrir la fois suivante, ce sera encore plus difficile.»*

Comment sortir de ce cercle vicieux ? Tout est foutu pour les femmes ? Pas du tout. Mais il faudrait que les canons de beauté et les mentalités changent, que la publicité et les médias cessent de présenter des anorexiques de 16 ans comme l'archétype de la femme idéale. En 2009, une enquête de l'université de Floride menée parmi les 3 à 6 ans indiquait que près d'une fillette sur deux se trouvait déjà «trop grosse». La faute à qui ? Si la poupée Barbie existait vraiment, l'ordinateur a calculé ses mensurations. Avec 1,75 mètre pour 50 kilos, elle serait considérée comme anorexique, sûrement dépressive. En fait, Barbie serait déjà morte. Avec son tour de taille de 45 centimètres (la moitié de la moyenne des filles de 19 ans), il n'y aurait pas la place dans l'abdomen pour loger tous les organes. Quant à son cou, il serait trop fin pour pouvoir supporter sa tête.

Tout est dans la tête.

Jusqu'à preuve du contraire…

Pourquoi dit-on « Femme qui rit à moitié dans ton lit » ?

C'est un classique. Et un mystère. Une des plus belles filles de Paris partage sa vie avec l'une des personnes les plus drôles qu'il m'ait été donné de croiser : Jamel Debbouze. Gad Elmaleh, Dany Boon, Kad Merad s'affichent également au bras de femmes splendides. Vous allez me dire : normal, ils ont beaucoup de talent. Mais que ces messieurs me pardonnent si je fais remarquer qu'ils n'ont pas forcément la plastique avantageuse d'un Guillaume Canet ou d'un Jean Dujardin.

Dans les émissions, les interviews, les reportages, quand les femmes évoquent l'homme idéal, ce qu'elles demandent invariablement : qu'il ait de l'humour. Certes, qui pourrait vouloir l'inverse ? Comme l'avaient finement observé Les Nuls : « C'est bon de rire parfois. » Mais quel rapport entre rigolade et érotisme ? Le proverbe assure au contraire que « le rire est l'ennemi de la volupté »…

En fait, il ne s'agit pas là d'érotisme, mais de construction familiale.

On l'a vu, la stratégie des femmes dans le choix du partenaire repose sur la sélection sévère des nombreux candidats en fonction de leur capacité à assurer les ressources matérielles nécessaires à la survie de la mère et de l'enfant.

« *La femme choisit le partenaire qui montre le plus de signes extérieurs de richesse et de puissance* », rappelle Lucy Vincent, docteur en neurosciences. OK, les gorilles se tambourinent le torse, et le lion montre ses dents à la lionne (qui le lui rend bien). « *L'homme peut aussi séduire par son sens de l'humour* », écrit la philosophe Olivia Gazalé. De nombreuses études ont en effet montré que ceux qui ont un grand sens de l'humour ont en même temps les meilleurs scores d'intelligence. Gazalé argumente : « *Être drôle n'est pas donné à tout le monde : cela requiert des capacités cognitives spécifiques et dénote une façon personnelle, détachée, ironique, bref, supérieure de décoder le monde. La femme hilare au premier rendez-vous ignore sans doute que rire stimule le système immunitaire, dissipe le stress, protège des maladies cardio-vasculaires, de la douleur et même du cancer, mais son instinct ne la trompe pas : l'homme désopilant présente des gages d'in-*

telligence et de santé; il marque ainsi des points face à ce qu'on appelait, dans le salon proustien de Mme Verdurin, "les ennuyeux."»

Un dicton circule à Hollywood: « *Fun is money.* » À part les énormes blockbusters débordants d'effets spéciaux, les comédiens les mieux payés sont souvent ceux des films comiques. Seinfeld compte parmi les plus gros salaires américains. En France, en 2013, on relevait cinq purs comiques parmi les sept acteurs les mieux payés[29] : Dany Boon, Gad Elmaleh, Alain Chabat, José Garcia et Jamel Debbouze; à qui il faut ajouter Gérard Depardieu pour son rôle dans *Astérix*, et Patrick Bruel (*Le Prénom*). Bref, rien d'autre que des comédies.

Et les films dramatiques? Comme m'avait averti un vieux machino sur un tournage: Femme qui pleure, rabats-toi sur sa sœur.

Jusqu'à preuve du contraire...

---

29. *Le Figaro*, 18 février 2013 (trois femmes complètent le top 10 : Mathilde Seigner et Catherine Frot dans des rôles comiques, et Marion Cotillard).

Si certaines femmes prétendent que les hommes sont lâches, infidèles, dépensiers, fainéants, etc., pourquoi les mêmes sont-elles ensuite malheureuses quand ils les quittent ?

« Non seulement ce type est un connard, mais en plus il m'a larguée ! »

N'est-ce pas absurde ? Pourquoi cette souffrance, alors qu'elles sont précisément débarrassées de l'objet de leur souffrance ? Comme si, en sortant de chez le dentiste, vous étiez malheureux de ne plus avoir de carie. Si vous avez des cafards chez vous, exécrables par principe, vous êtes ravis qu'ils débarrassent le plancher. Inversons les propositions : si un homme reproche à une femme d'être infidèle, colérique et dépensière, il prendra son départ comme un soulagement. Pourquoi cette différence de perception entre les sexes ?

Vous allez me dire : les femmes fustigent les hommes *en général*, mais pas le leur. Oui et non. Leurs reproches concernent aussi parfois leur moitié. En 1920, Mistinguett chantait « Mon homme ». Le titre connut un succès colossal, y compris parmi le public féminin. Écoutons les paroles :

Sur cette terre, ma seule joie, mon seul bonheur
C'est mon homme.
J'ai donné tout ce que j'ai, mon amour et tout
mon cœur
À mon homme.
Et même la nuit
Quand je rêve, c'est de lui
De mon homme. [...]
Il me fout des coups
Il me prend mes sous
Je suis à bout,
Mais malgré tout
Je l'ai tellement dans la peau
Que j'en deviens marteau.

Bien sûr, la dimension économique entre en ligne de compte. À compétences égales, les femmes sont moins bien rémunérées que les hommes, et beaucoup sont mères au foyer, donc sans salaire à elles, ou alors à mi-temps. La disparition du conjoint ou du compagnon fait l'effet douloureux d'une mise au chômage. Mais ce qui étonne, c'est que cette situation de célibat soudain est souvent également vécue comme une épreuve chez des femmes qui gagnent leur vie (huit femmes sur dix travaillent, 29 % seulement déclarent ne pas être autonomes financièrement).

La question de départ reste pertinente pour les femmes à l'abri du besoin. Le philosophe Michel Onfray a commenté[30] le livre de Valérie Trierweiler et ses passages intimes, et désobligeants, sur François Hollande : « *C'est assez sidérant qu'une femme dont on sait qu'elle est animée par la colère, par la vengeance, par la haine, par la jalousie – tout ce que Spinoza appelait des "passions tristes" – puisse dire une chose et que ça devienne parole d'Évangile ! Pour moi, cette femme n'est pas du tout crédible ! Elle a quand même passé dix ans avec cet homme ! Si François Hollande est ce sale type qu'elle raconte, pourquoi a-t-elle passé dix ans avec un sale type ?* »

Je le concède : je n'ai pas trouvé de réponse satisfaisante à cette interrogation. Simplement des bribes, des intuitions, des théories.

Florence Cestac, dessinatrice et scénariste de BD, a beaucoup réfléchi à ces problèmes de couple. Elle en a d'ailleurs fait un album qui a été un best-sel-

---

30. LCI, Audrey Crespo-Mara, 8 septembre 2014.

ler: *Le Démon de midi*. Son hypothèse: « *Il y a un côté masochiste chez la femme qui n'existe pas chez l'homme.* » Elle donne cet exemple personnel: « *Ma mère a été martyrisée par mon père toute sa vie. Et pourtant, quand il est mort, elle s'est retrouvée très malheureuse et elle en a fait une dépression.* »

La féministe Audrey Keysers ose une hypothèse: « *Les femmes détestent la solitude, par principe. Contrairement à ce que dit le proverbe: elles préfèrent être mal accompagnées que seules. C'est le mal du siècle.* »

L'Américaine Colette Dowling parle du « complexe de Cendrillon ». Selon elle, les femmes sont des Cendrillon: femmes amoureuses, femmes mariées, femmes seules, veuves ou divorcées, celles qui travaillent et celles qui n'ont jamais quitté leur foyer, citadines, campagnardes, jeunes, vieilles ont un point commun au plus profond d'elles-mêmes: elles ont besoin d'être prises en charge, d'être relevées de leurs responsabilités. Son éditeur présente *Le Complexe de Cendrillon*[31] comme la découverte la plus importante depuis la naissance du mouvement féministe. Sorti en 1982, le livre a fait l'effet d'une bombe dans le milieu dont elle est une figure. Pour étayer son propos, Colette Dowling a rencontré des spécialistes – sociologues, psys, juristes –, mais aussi de très nombreuses femmes. Son constat

---

31. *Le Complexe de Cendrillon*, Colette Dowling, Grasset, 1982.

est terrible : « *Inconsciemment, les femmes sabotent leur propre existence, de peur d'être indépendantes. De peur de ne plus être femmes, de devenir incapables d'aimer et impossibles à aimer.* » Dans quel but ? Il trouve selon elle son origine dans l'éducation différenciée des filles et des garçons. Tandis que les jeux et les livres des petits garçons leur apprennent à conquérir le monde, les filles apprennent à attendre... le prince charmant, puis l'homme, puis le patron, puis la promotion. « *Pendant que les femmes attendent d'être reconnues, les hommes mènent le combat de places.* »

La psychanalyste Maryse Vaillant va encore plus loin dans son ouvrage *Comment aiment les femmes*[32]. Elle croit avoir trouvé le moteur souterrain de cette paradoxale ambition : « *Les femmes possèdent deux puissances absolues par rapport aux hommes : la fécondité et la capacité multi-orgasmique. Mais leur intelligence est d'avoir su mettre en avant cette supposée fragilité féminine pour en tirer des bénéfices intenses : ce qu'elles perdent en pouvoir apparent, elles le récupèrent en jouissance psychique. Elles ne prennent pas le pouvoir à partir d'elles-mêmes, mais à partir de l'homme, époux, patron ou fils.* »

---

32. *Comment aiment les femmes. Du désir et des hommes*, Maryse Vaillant, Le Seuil, 2006.

Face aux hommes, peut-on parler d'un masochisme qui serait propre aux femmes ? l'a interrogée
le mensuel *Psychologies Magazine*. Elle répond:
« *Dans ces jouissances psychiques qui poussent de
manière inconsciente les femmes à se soumettre aux
hommes, on trouve d'abord une jouissance narcissique. Celle des femmes qui ne sont jamais ni assez
belles ni assez jeunes, parce que c'est ainsi que les
hommes les aiment. Un certain nombre d'entre elles
se retrouvent prises dans ce piège-là, et la séduction
devient leur destin : la jouissance de séduire surpasse
alors tout le reste. L'autre jouissance suprême est,
effectivement, ce masochisme qui fait que beaucoup
de femmes s'effacent derrière l'homme pour le servir
et, par ce biais, l'asservir.* »

Autrement dit, en dépit du simulacre de l'effa-
cement, c'est donc d'une prise de pouvoir qu'il
s'agit. Maryse Vaillant renchérit : « *Un pouvoir
absolu. Le pouvoir de contrôler l'homme ou celui
de le mettre sur un piédestal pour mieux lui repro-
cher d'en tomber... La plainte et la récrimination
sont des armes féminines. Ce masochisme permet
aux femmes d'accéder à une jouissance folle parce
que l'autre disparaît : peu importent ses qualités ou
ses capacités, peu importe ce qu'il est puisque l'important, c'est ce que la femme en fait. Beaucoup de
femmes ont plus de plaisir à être dans l'ombre et à
tirer les ficelles qu'à prendre leur pleine place dans
la lumière. Beaucoup vivent selon trois schémas*

psychiques qui s'imposent à elles : celui du contre-pouvoir de la beauté contre l'argent ; celui de la maîtrise de la mère sur les enfants pour compenser sa vulnérabilité professionnelle ; celui du bénéfice de servir les hommes pour les asservir.

« Ces trois schémas s'avèrent extrêmement solides, et ils apportent suffisamment de jouissance aux femmes – comme aux hommes, qui y trouvent également leur compte – pour durer encore très longtemps. Et celles qui s'affranchissent de ce modèle, qui ne sont plus dans la prise inconsciente de pouvoir sur l'homme, le payent d'une façon ou d'une autre. La plupart du temps en étant seules. »

Psychologies Magazine : « *Les luttes féministes n'ont donc pas aidé à se détacher de ces schémas ? »* Maryse Vaillant concède : « *Malheureusement non, et c'est une féministe qui vous parle ! »*

Dans son dernier essai[33], l'essayiste et romancière néo-féministe Titiou Lecoq expose sa théorie du «syndrome du connard merveilleux». Elle part de l'exemple d'une petite fille, Guenièvre, à qui sa mère lisait des histoires de prince charmant. « *Guenièvre, à l'âge adulte, n'attend pas le prince charmant, elle cherche le connard merveilleux. »* D'où vient cet oxymore ? « *Ce qui attire dans le connard, ce n'est pas son essence de connard. Ça, c'est ce que pensent certains garçons qui me disent :*

---

33. *Sans télé, on ressent davantage le froid*, Fayard, 2014.

"De toute façon, les filles, elles préfèrent toujours les connards." Eh bien, non, ce qui attire Guenièvre, c'est la possibilité de sauver le connard, de le dé-connardiser. *En religion, il y a un mot pour ça : la rédemption.* » Pour Titiou Lecoq, ce scénario abreuve les petites filles dès leur plus jeune âge. La trentenaire cite d'abord le dessin animé *Olive et Tom*, puis « *le fantasme total, l'homme qui incarnait tous les contraires : Albator, ses cheveux longs, sa cicatrice, sa cape tête de mort* ». Viennent ensuite les mangas et leur cohorte de méchants, qui ont cédé la place aux séries[34]. Pour Titiou Lecoq, les ennuis commencent quand les jeunes filles veulent reproduire dans la vraie vie ce qui a infusé de longues années depuis l'écran et les livres vers leur imaginaire. « *Le nœud inextricable dans l'histoire avec le connard merveilleux, c'est que Guenièvre n'est pas vraiment attirée par l'individu lui-même, mais par le possible devenir de cet individu. En clair, elle fantasme total ! Et comme elle a sa pré-grille de lecture fantasmatique de l'homme, elle mettra une énergie*

---

34. « *Pacey (dans "Dawson"), Logan ("Veronica Mars"), Dylan ("Beverly Hills"), Spike ("Buffy contre les vampires"), Doug Ross ("Urgences") sont en réalité un seul et même personnage. Pour que la série fonctionne à fond, on adjoindra au connard le gentil prince (Dawson, Duncan, Brandon, Dawson, Riley, etc.) qui lui sert de faire-valoir. Historiquement, un peu avant Dylan, il y a eu Musset et tous ses héros. Avis aux filles névrosées : je vous conseille de lire* Lorenzaccio*, ça, c'est du vrai connard à fort potentiel érotico-rédemptif.* »

folle à croire voir dans certains gestes une possibilité de rédemption du bad boy. *Quand ses amis lui diront: "Meuh non… Guenièvre, il veut juste te niquer", elle répondra: "Oui, je sais que c'est vrai, mais, en même temps, je sais que c'est pas vrai […]". Guenièvre choisit le connard pour le déconnardiser (plutôt que de dé-princer le prince charmant, elle est pas non plus complètement débile). Mais pourquoi est-elle tout excitée à l'idée que l'homme change à son contact divin? Guenièvre, d'une certaine manière, cherche à donner une seconde naissance au connard. Ce qui symboliquement ferait d'elle à la fois son amante et sa mère, ce qui est un excellent moyen d'anéantir sa future belle-mère, et symboliquement sa propre mère. Bref, de devenir la femme toute-puissante parce que préférée à toutes les autres sur Terre et en sus de bénéficier de la protection totale de l'homme.»*

On en est là. Et les hommes? Ils se servent un coup à boire. Brève de comptoir: «Ma femme peut pas me quitter, chuis jamais à la maison.»

Jusqu'à preuve du contraire…

Nota bene
Du bon usage
des généralités

Schopenhauer, dans son pamphlet *L'Art d'avoir toujours raison*, nous a appris à ne pas prendre le cas général pour le cas particulier, ni le cas particulier pour le cas général. Il est une évidence qu'il est bon de rappeler : toutes les règles (excepté les lois mathématiques) ont des exceptions, et les généralités ne sont pas un absolu, mais une convention littéraire. Quand on écrit que les lapins aiment les carottes et que les souris préfèrent le fromage, c'est évidemment un raccourci : il est possible que le lapin de la fillette d'un de vos collègues snobe les carottes, et qu'une souris vomisse le Caprice des Dieux.

Quand nous écrivons que les hommes s'échinent à séduire les femmes, il ne nous a pas échappé qu'il existe aussi des gars qui n'aiment pas spécialement plaire aux femmes, d'autres qui aiment plaire aux hommes, d'autres qui n'aiment pas plaire du tout, ni aux hommes ni aux femmes, et enfin d'autres qui aiment plaire à toutes et à tous. À l'inverse, il en va de même pour les femmes. Toutes ne rêvent pas de séduire les hommes. Il y en a même qui préfèrent les animaux. J'ai appris ça dans un roman récent et documenté[35] : en Allemagne, l'association des zoophiles compte officiellement 100000 membres. Mais toutes ces catégories sont minoritaires. D'où les généralités admises.

Lorsque la presse rapporte que «les Américains ont élu Barak Obama», c'est une vérité fausse. Détricotons ce paradoxe. Tout d'abord, beaucoup d'Américains ne sont pas en âge de voter, d'autres ne sont même pas inscrits sur les listes électorales. Enfin, d'autres ne se sont pas déplacés pour l'élection, et certains ont voté blanc. Au final, Barak Obama a obtenu 51,06 % des suffrages exprimés, mais seulement 65 899 660 voix, alors que la population des États-Unis comptait 313 847 465 habitants en 2012.

Certes, arithmétiquement, quatre Américains sur cinq n'ont pas voté Obama. Mais objectivement : c'est lui et pas un autre qui dort à la Maison-Blanche. Donc, au final, les Américains ont élu Obama. Ne chipotons pas pour le stérile plaisir de chipoter.

---

35. *L'amour est éternel tant qu'il dure*, Franz-Olivier Giesbert, Flammarion, 2014.

Attention toutefois aux phrases toutes faites. Nous avons l'impression que toute la France a regardé la finale de la Coupe du monde 1998, quand les Bleus de Zidane ont battu le Brésil 3-0. Personnellement, je connais une personne qui n'était pas devant la télé ce soir-là (une, pas deux). Et pourtant : ce match a réuni 23,6 millions de téléspectateurs, 20,6 millions devant TF1, et 3 millions devant Canal+. En 1998, la France comptait 58,3 millions d'habitants. Faites le calcul : moins d'un Français sur deux a vu le match. Tu parles d'un record !

On aurait pu faire un ouvrage consacré aux minorités. Mais alors, quid des minorités de la minorité ? Chaque généralité englobe un cas particulier qui lui échappe et qui devient la majorité qui exclut à son tour un cas particulier. C'est sans fin... Si on prétend que les cardiologues (0,09 % de la population) adorent le golf, là encore, c'est parcellaire. Car des centaines de cardiologues détestent ce sport, et d'autres ne savent pas y jouer. Alors, imaginez ceux qui y jouent mais qui détestent...

Les Pourquoi
sans réponse

Vous l'avez noté au fil de ces pages, et expérimenté dans la vie de tous les jours : il reste une multitude de questions qui ne trouvent pas de réponse, ou pour le moins pas d'explication intellectuellement satisfaisante. Moi aussi, j'ai cherché. Beaucoup. Longtemps. En m'abreuvant à toutes les sources ou presque. Je l'avoue : je n'ai rien trouvé de scientifiquement probant aux interrogations qui suivent. Un mystère de plus…

Pourquoi les filles commandent-elles un double cheese-burger et des frites, mais un Coca Light et un café sans sucre ?

Pourquoi les chauves ne perdent-ils leurs cheveux que sur le sommet du crâne, et pas sur les côtés ?

Pourquoi les filles hurlent-elles comme des folles dans les concerts, alors que les mecs beuglent dans les stades de foot ?

Pourquoi les filles ont-elles un sac de trois kilos et n'y trouvent-elles jamais rien ?

Pourquoi les garçons aiment-ils davantage les jeux vidéo que les filles ?

Pourquoi les femmes aiment-elles avoir des bijoux qui prennent la poussière dans un tiroir ?

Pourquoi les hommes sont-ils plus nombreux à ronfler que les femmes ?

Pourquoi les filles peuvent-elles regarder leur penderie qui déborde en se désolant : j'ai rien à m'mettre ?

Pourquoi les femmes sont-elles de mauvaise humeur quand elles ont leurs règles ?

Pourquoi les hommes aiment-ils que l'on regarde leur femme, et non l'inverse ?

Pourquoi ce proverbe absurde : « En amour, un de perdu, dix de retrouvés » ?

Pourquoi l'éveil amoureux n'arrive-t-il pas en même temps chez les filles et chez les garçons ?

Pourquoi y a-t-il des comédiens vieux, moches, avec du bide, le nez cassé ou une cicatrice, alors que ce n'est jamais le cas chez les comédiennes ?

Pourquoi certain(e)s ont-ils des fantasmes imaginaires et impossibles, et d'autres ne fantasment-ils que sur des situations réalisables ?

Pourquoi, si un mari dit que ces chaussures sont immondes, sa femme les achète-elle quand même ?

Pourquoi y a-t-il des filles huilées et en slip dans les clips de rap ?

Pourquoi les femmes entre elles parlent-elles souvent de leur homme, alors que les hommes entre eux parlent (si) peu de leur femme ?

Pourquoi les femmes se pomponnent-elles pour un déjeuner avec leur ex ? (Quel intérêt vu que l'histoire est terminée ?)

Pourquoi y a-t-il plein d'hommes nus sur les sites homosexuels pour mecs, alors qu'il n'y a quasiment pas de femmes nues sur les sites de lesbiennes ?

Pourquoi des filles ensemble, ça excite les garçons, alors que des garçons ensemble, pour les filles, c'est, heu, bof ?…

Pourquoi le chien lève-t-il la patte pour faire pipi, même si c'est une chienne ?

Remerciements

La question n'est pas : pourquoi les remercier ?
mais comment ne pas les remercier ?

Helena Berkaoui,
Catherine Bourgey,
Sylvie Denis,
Clarisse Le Friant,
Marine Montégut,
Philippe Robinet.

Sources et bibliographie

L'Érotisme, Francesco Alberoni, Ramsay.

Pourquoi les hommes sont lâches?, Gilles d'Ambra, First.

Ainsi vivaient nos ancêtres, Jean-Louis Beaucarnot, Robert Laffont.

Que veulent les femmes?, Daniel Bergner, Hugo Doc.

Guide pratique de la vie du couple, Dr David Elia et Dr Jacques Waynberg, Filipacchi.

Cheveux, toisons et autres poils, Luisa Futoransky, Presses de la Renaissance.

Je t'aime à la philo, Olivia Gazalé, Robert Laffont.

Si elles avaient le pouvoir, Isabelle Germain, Larousse.

Dictionnaire des mythes, Nadia Julien, Marabout.

Les Réseaux du cœur. Sexe amour et séduction sur Internet, Pascal Lardellier, François Bourin Éditeur.

Chaussures, Linda O'Keeffe, Ullman Publishing.

Le Singe nu, Desmond Morris, Grasset.

Histoire imprévue des dessous féminins, Cécil Saint-Laurent, Herscher.

La Vie et le temps, les nouveaux boucliers anti-âge, Frédéric Saldmann, Flammarion.

Dictionnaire du comportement animal, Université d'Oxford (sous la direction de David McFarland), Robert Laffont.

Biologie des passions, Jean-Didier Vincent, Odile Jacob.

Comment devient-on amoureux ?, Lucy Vincent, Odile Jacob.

Où est passé l'amour ?, Lucy Vincent, Odile Jacob.

The Chemistry Between Us, Larry Young et Brian Alexander, Current.

Why Do Men Fall Asleep After Sex ?, Mark Leyner et Billy Goldberg, Three Rivers Press.

Le blog : lesfessesdelacremiere
Le site : www.secondsexe.com

Table

Achevé d'imprimer en octobre 2014
sur les presses de Normandie Roto Impression s.a.s.
61250 Lonrai (Orne)
N° d'impression : 1403951
Dépôt légal : novembre 2014

Imprimé en France